はじめに

1．心理臨床における訪問カウンセリング

本書で言う「訪問カウンセリング」とは，クライエントのところにセラピストが自ら赴いて心理的な支援を行うことである。現代の日本の心理臨床の場では，クライエントがセラピストのところに来室するのが常態であり，その逆を行く訪問カウンセリングは必ずしも一般的なものではない。しかしながら，訪問カウンセリングを必要とするクライエントは間違いなく存在している。必要があるのに一般的なものにならないのは，訪問カウンセリングが来室型のカウンセリングに比べていろいろな意味で難しいからである。

このことに関して筆者が思い起こすのは，哲学者の鷲田清一先生の言葉である。2012年12月16日に東大鉄門記念講堂で開催された第12回河合臨床哲学シンポジウムにおいて，鷲田先生は「哲学の臨床」という講演を行われたのであるが，その中で,「臨床」という言葉について「治療という観点から考えるならば，患者がいるところに赴くのが臨床であるから，患者が治療者のところに来る形態は臨床とは言えない」と述べられたのである。鷲田先生の言葉を敷衍するならば，訪問カウンセリングこそ，より本来の臨床に近いものだということになる。そこには，生々しい現実と苦労，そして感動がある。

2．教育現場の現実との格闘

日本の教育現場で「個人」や「個性」を尊重する姿勢が前面に押し出され始めて久しい。そして，その経過の中で，私たちは「不登校」や「いじめ」といった問題も含めて多様なあり方・生き方を模索してきたように思う。不登校という現象にも国民

皆が慣れてきた印象さえある。もしかしてうちの子も不登校になるかもしれないと思うことも珍しいことではなくなった。しかし，現実に我が子が不登校になった時，あるいは自分のクラスから不登校児童あるいは生徒が何人も出てしまった時，親や担任教師が感じる自己嫌悪や不安という苦痛がさほど小さくなったようには思えない。珍しい現象ではなくなり，世間の理解も進んだが，それでもどこかに異質なものとして見てしまう心の闇を私たちの多くが抱えているように思う。

そのような意味では，私たちは「個人」あるいは「個性」を尊重するという目標に向かう途上にいるのかもしれない。このことは，何も不登校にだけ限定されたものではなく，私たちはまだ，皆と同じである時に安心していられる心性を根強くもっているのである。ひきこもりや精神病に対する感じ方も，頭で理解していることとは，やはり溝があるように思う。皆と同じように生きられない本人と家族は，今も大きなストレスを抱えることになる。最近になって，多くの支援が整ってきていることは救いであるが，同時に社会あるいは世間がストレス源になっていることも現実である。この14年間における筆者のカウンセリングルームでの不登校に関する相談を振り返ってみても，本人や家族の苦しみは大きく変化したとは思えない。そこに，専門家のサポートの余地が残されているとも言えよう。

一方で，臨床心理学の世界でも，一対一の個人面接を重視しながらも，多様な形式での関わりが模索され広がってきた。その大きな柱の１つとしては，来るのを待つのではなくこちらから出向くということが挙げられるであろう。とくに，大きな災害や事件によって，それらの要請が高まったこともその流れを加速したと思う。

アウトリーチという言葉は，福祉の世界で使われ始めたが，筆者のカウンセリングルームにおけるアウトリーチの活動は不登校への訪問から始まった。1995年から文部省（現文部科学省）が推進してきた「スクールカウンセラー活用調査研究委託事業」の一環として，筆者は東京都世田谷区にある公立中学校に配置された。この中学校では３年間スクールカウンセラーとして，１週８時間，週１回という勤務をした。当時，受け入れる学校側も派遣されるスクールカウンセラーも手探りの状況だったが，幸いなことに，筆者が派遣された学校では，管理職である校長・教頭が非常に柔軟な考えを持っており，スクールカウンセラーを学校の中で役立てようとする姿勢を明確に表明されていた。そのような幸運な配置校ではあったが，それでも，いつも不全感をもたらすものは，１週８時間という時間の制約による活動の限界であった。

３．E･R･Iカウンセリングルームの開設と訪問カウンセリングの実践

この学校では，校長先生の差配により，心理学系の大学院生たちがさまざまな形で生徒との関わりを持っていた。1つには，教室に入れない生徒のための居場所となっている部屋に大学院生が配置されていた。また，校長先生発案の「ダベリングルーム」という放課後解放される部屋にも大学院生が数名配置されていた。「ダベリングルーム」は，不登校の予防という意味も込めて作られた放課後の安全でやわらかな関わりのある場所であった。

また，２名の大学院生に関しては，スクールカウンセラーが不在の時に，生徒とスクールカウンセリングの部屋で個別に話をすることも許されていた。さらに，この２人の個別面接に関する指導がスクールカウンセラーに託されていたので，不在の間の学校の様子を知ることにも役に立っており，同時に，大学

院生にとってもスーパーヴィジョン機能を保証されたうえでの学校臨床場面における貴重な実践になったと思う。

この学校の校長先生には，心理臨床の若手を育てるという意味でもご尽力いただいたことになる。真の教育者とは，このように分け隔てなくさまざまな領域の人を育てる方なのであろう。

さて，このような配置校での日々が３年目に入ってしばらくした頃，筆者は現状のスクールカウンセラー制度に内包されている限界に関して何とか打開できないものかと考えを巡らせていた。ある日，電車の中で，その閃きはやってきた。当時，大学院生や大学院を修了したばかりの人たちの研修の必要性についてしばしば考えていたこともあり，若いスタッフによる訪問カウンセリングを行うというアイディアが浮かんだのである。社会のニーズに対して訪問カウンセリングを，そして臨床心理学の初学者に対してスーパーヴィジョンをきちんと保障したうえでの臨床の場を提供するというものであった。

2001 年 10 月，筆者は E•R•I カウンセリングルームを開設した。はじめは，３人の初学者であるスタッフと契約を結んでの出発であった。E•R•I カウンセリングルームは当初，訪問カウンセリングのみで始めたが，訪問カウンセリングに伺っている家庭の家族の方が来室して相談する必要性からカウンセリングルームの整備を行った。途中で２部屋のカウンセリングルームを確保できる建物へと引っ越し，現在では，むしろ来室してのカウンセリングを希望されるクライエントの方が多くなったが，それでも E•R•I カウンセリングルームの理念として訪問カウンセリングは大切な位置づけとなっている。

当初，スクールカウンセラーという立場で考えて開設したため，不登校児童および生徒への対応を中心に考えていたが，次第に対象は大学生，時には 30 代，40 代の方々にまで拡がっていった。さらに,訪問カウンセリングの依頼内容も多彩になり,現在では筆者がもともと関心のあったターミナルケアまでも含めたものとなっている。

４．10周年記念出版の実現

2011年10月でE･R･Iカウンセリングルームは10周年を迎えた。この機会に，訪問カウンセリングという臨床の場で苦楽をともにしてきたスタッフとともに，この10年の歩みをまとめ，ささやかな出版物として形に残そうと考えた。スタッフたちは一所懸命に当時のケースに向き合い，事例報告としてまとめてくれた。こうしてでき上がったのが本書である。３人のスタッフによるケース報告については，彼らの苦闘と成長の記録であることに鑑み，それぞれが書いたものを尊重して形式面での統一にはあえてこだわらなかった。お読みいただく方々からすると，少々戸惑われるかもしれないが，ご理解いただきたいと思う。

第２部で紹介する事例の内，１つのケースではクライエント自身から，もう１つのケースでは，クライエントのお母様から，手紙をいただくことができた。そして，お二人とも，本書への掲載を承諾してくださった。自分たちと同じように苦しい状況にある方やその方々を支える人たちの助けになるなら，というお二人のお気持ちに感謝して，ほぼそのままの形で掲載させていただいた。

E･R･Iカウンセリングルームが開設される以前から訪問を手がけてこられている方々も各地にいるし，これからやってみようと考えている方もいるであろう。また，訪問カウンセリングがあれば利用したいと思っている方々もいるであろう。本書がきっかけとなって，このような方々との繋がりが生まれれば幸いである。

訪問カウンセリング ◇ もくじ

第2部　実践編

第１部　理論編

第１部では，訪問カウンセリングのいくつかの側面について，筆者の実践での体験も踏まえながら，一般的，包括的，理論的な視点から考察する。第２部で紹介する事例群のバックグラウンドを読者と共有することが，目的の１つである。

「Ⅰ　訪問カウンセリングの現状」では，訪問カウンセリングの歴史をたどりながら，今日の心理臨床の分野で訪問カウンセリングがどのように位置づけられているかを整理する。この中で，筆者が訪問カウンセリングの開始を決意するに至った不登校やひきこもりという現象についても概観する。

「Ⅱ　対象と治療構造」では，どのようなクライエントが訪問カウンセリングの対象となるかを検討し，対象に応じた治療構造の構築について考察する。

「Ⅲ　訪問カウンセリングのキーポイント」では，訪問カウンセリングを実践する上での重要なポイントを，「見立て」，「訪問するセラピストの選定とサポート」，「クライエントとその家族との関係の構築」という３つの観点で論じる。

Ⅰ 訪問カウンセリングの現状

1．日本の現状と海外の現状

日本でも，医者が往診するということが以前は頻繁に行われていた。そこでは，身体的ケアだけではなく，おそらく精神的なケアも込みであったのだと思う。看護師が同行することもあり，さまざまな対話が交わされるまさしく臨床的な場であったのである。最近では，医者に随伴するという形態ではなく新たな社会のニーズに応える形での訪問看護の制度が整い普及してきている。

こころの領域に関してはどのようになっているのであろうか。「訪問カウンセリング」という言葉は，1965年に『教育と医学』で「訪問カウンセリング」という特集が組まれたことによって論文に登場しているようである。その後は「家庭訪問」「訪問カウンセリング」という言葉でいくつかの論文が書かれている。そして，2004年には『現代のエスプリ』で「訪問カウンセリング—危機に立ち臨み語るこころ」という特集が再び組まれた。雑誌での特集以外にもいくつかの論文は散見されるが，2001年にE・R・Iカウンセリングルームを開設した時にも，訪問カウンセリングという言葉は一般的にはあまり認知されていなかったように記憶している。

浅賀（1965）によって，「ケースワークの古くから行われてきた訪問カウンセリングは～」と表現されているように，訪問カウンセリングはケースワーカーによって切り開かれた分野であったと言えよう。また，古屋（1965）は，「学校の教師が生徒の家庭を訪問するのには，おおまかに言って，２つの場合がある。第１は家庭状況を調査する場合で，…中略… 第２は，ここに『訪問カウンセリング』と呼ぶ場合で，怠学・登校拒否などの生徒を訪問して，家庭の中でカウンセリング関係をもち，生徒の考え方・態度の変容をもたらし，通常の学校生活にもどらせようとするものである」と教師による訪問カウンセリングという視点を記している。

成瀬（1965）は訪問カウンセリングという言葉は使っていないが，「面接では，面接者が相手を自分のほうへ招くときと，相手のほうへ出かけていくときとがある。前者は臨床的面接に多いが，後者は調査，教育，販売，ソーシャルワークなど，きわめて広く行われる一般的な方法である。後者のような訪問面接は，…中略… 面接運びにある程度のむずかしさが認められる」と訪問面接の難しさに言及している。

2010年頃，「訪問カウンセリング」というタイトルで書籍を探すと，2004年に出版された『現代のエスプリ　訪問カウンセリング―危機に立ち臨み語るこころ』という本が１冊表示されたと記憶している。最近，インターネットで「訪問カウンセリング」とキーワードを入れると，いくつもの訪問カウンセリングの紹介や宣伝が表示される。この間に需要が高まってきた経緯が窺われる。さて，『現代のエスプリ　訪問カウンセリング―危機に立ち臨み語るこころ』に書かれているように，構造の面での大変さや経済的な面での困難が，訪問カウンセリングというものを難しくしていることは，筆者も実感している。

「訪問カウンセリング」という用語をキーワードにすると，今井（1970）の「訪問カウンセリングの意義と方法」，下山（1999）の「不登校生徒への教師チームによる訪問カウンセリング」，淵上（2005）の「訪問カウンセリングの可能性と留意点—カウンセリングの現場から」，渡辺（2005）の「ひきこもりへの訪問カウンセリング」，加藤（2007）の「訪問カウンセリングの方法に関する実践的研究（１）—家庭訪問の困難性と個人面接の方法」というような論文が散見されるが，ヒット数はさほど多くない。

しかし，「訪問カウンセリング」という言葉を離れて探してみると，訪問面接について述べられた文献が他にも出てくる。例えば，岩堂（1974）は「訪問治療」という言葉を，村瀬（1979）は「治療者的家庭教師」という言葉を，福盛・村山（1993）は「家庭教師的治療者」という言葉を，篠原（2004）は「準専門家による訪問援助」という言葉を，長坂（2005）は「訪問面接」という言葉を，田嶌（2005）は「密室型心理援助からネットワーク活用型心理援助へ」という言葉を用いてそれぞれ論文を発表している。ここに挙げたものはこれまでの論文のすべてを網羅しているわけではないが，概観してみることは全体の様子を知る上で役に立つだろう。心理学の分野でもさまざまな名称を使いながら訪問が行われてきていることが分かる。心理学の分野では，臨床家としての国家資格問題が長い間継続審議となっていたということも影響を与えているかもしれない。福祉分野では，10年ほど前から包括型地域生活支援プログラム（Assertive Community Treatment：ACT）の拡充が言われてきており，公的な機関による家庭訪問が実施しやすいような下地が整備されてきている。しかし，臨床心理学の世界にはこのような公的な基盤はいまだなく，行政主導の組織化は福祉の業界でなされることが多くなることは必然の成り行きと言えよう。2011年には，厚生労働省社会・援護局障害保健福祉部精神・障害保健課から精神障害者アウトリーチ推進事業の手引きが出され，「精神障害者アウトリーチ推進事業」が開始された。この流れの中で，2014年の『精神療法』で「アウトリーチとソーシャルサポート」という特集が組まれた。ここでも，医療やソーシャルワークという枠組みにおける訪問支援としてACTの拡充などが紹介されている。この流れの中で，サイコロジストもアウトリーチという分野を切り開いてきてはいるが，組織化という点では課題が残っているように感じている。

さて，海外の現状の紹介を探してみると，最近のものでは2011年に「家庭訪問（ホームビジティング）の新たな展開」という特集が『世界の児童と母性』という雑誌で組まれている。その中で，アメリカにおける「養育支援訪問運動」（ヘネシー澄子，2011）が紹介されており，それぞれの団体の実践に対して民間団体からではあるが認定が与えられていることが報告されている。同様に，イギリスでもホームビジティングを導入した民間団体の活動が紹介されている。

実際に，さまざまなキーワードで検索をかけてみると，やはり家庭を訪問するという内容からは，看護師やソーシャルワーカー，あるいは教師が行っている報告が多いことが分かる。しかし，そのような中にも，民間のカウンセリングルームの業務内容の中に，訪問というサービスが明記されているものがいくつか見られる。日本同様，実際にはたくさん行われながらも論文という形にはあまりなっていないのかもしれない。ここでは，訪問面接およびその教育を行っているZur Instituteのホームページの URL を紹介しておく。

http://www. zurinstitute. com/outofofficeexperiences. html

2．不登校・ひきこもりという視点からの歴史

（1）不登校

不登校について考える前に，学校の歴史について簡単に振り返ってみることにする。

270校ほどの藩校と郷学と寺子屋および私塾において教育が行われていたところに，明治4年の廃藩置県と同時に文部省が設置されたことから全国的な学制が始まったと考えられる。明治30年頃には，4年制の尋常小学校の義務化が実現しているが，経済的理由等によって100%の就学率に達することは難しい時代であった。

昭和16年には「国民学校令」が公布されたが，第二次世界大戦の激化により教育の正常な機能はほとんど停止を余儀なくされていた。戦後になって，昭和22年には日本国憲法「第二十六条　1．すべて国民は，法律の定めるところにより，その能力に応じて，ひとしく教育を受ける権利を有する。2．すべて国民は，法律の定めるところにより，その保護する子女に普通教育を受けさせる義務を負ふ。義務教育は，これを無償とする」に則った教育基本法および学校教育法が制定され，教育の機会均等が実現した。ここに，現在と同じ6・3・3制が形作られ，義務教育の年限が9年間へと延長されたことになる。昭和34年頃から40年代半ば頃までの高度経済成長の時期には，ベビーブーム世代の入学時期となり就学児童数が急増した。この後も，教育の質の改善や教育路線の見直しなど，教育の改革が進められてきている。

このように，教育制度は国民に平等に教育を提供するようになってきたが，1951年にはすでに，文部省によって「長期欠席児童・生徒の調査」が開始されている。文部科学省初等中等

教育局児童生徒課が行った平成25度の「児童生徒の問題行動等生徒指導上の諸問題に関する調査」によれば，ここ10年では，小学生の不登校児童数は2万人強で横ばいに推移している。中学生の不登校生徒数はやや増減がありながらも，ほぼ10万人前後で推移している。

保坂（2002）は，「展望　不登校をめぐる歴史・現状・課題」という論文の中で，不登校に関わる用語の変遷を含めたその定義の問題とこれまでの不登校研究の問題点という2つの面からの展望をまとめている。まず，当初は正当な理由がなく長期にわたって欠席する子どもの行為は問題行動として捉えられ「怠学」というレッテルが張られ，その怠学研究の中で，神経症的症状を持つ一群の人たちがいることが指摘されてから「不登校」という用語が用いられるようになったということである。そして，昭和40年代半ばから50年代半ばにかけて，我が国の教育関係者に注目されるようになった。文部科学省の不登校関連の統計も，データの扱いや分類の変更などが続き，単純な比較はできないが，統計資料を少し概観してみたい。

文部科学省初等中等教育局児童生徒課から公表されている平成26年度「児童生徒の問題行動等生徒指導上の諸問題に関する調査」から，表1に示したように，多少の増減をしながらも，小学校で25,866人，中学校で97,036人の不登校児童・生徒がカウントされている。そして，「指導の結果登校する又はできるようになった生徒」にとくに効果があった学校の措置という統計からは，「スクールカウンセラー等が専門的に指導にあたった」「教師との触れ合いを多くするなど，教師との関係を改善した」「さまざまな活動の場面において本人が意欲をもって活動できる場を用意した」の項目と，「家庭への働きかけ」の項目がとくに効果が高いという結果が示されている。このことから

表１　小学校・中学校における不登校者数の推移

年度	H 3	H 4	H 5	H 6	H 7	H 8
小学校	12,645	13,710	14,769	15,786	16,569	19,498
中学校	54,172	58,421	60,039	61,663	65,022	74,853
合計数	66,817	72,131	74,808	77,449	81,591	94,351
年度	H 9	H 10	H 11	H 12	H 13	H 14
小学校	20,765	26,017	26,047	26,373	26,511	25,869
中学校	84,701	101,675	104,180	107,913	112,211	105,383
合計数	105,466	127,692	130,227	134,286	138,722	131,252
年度	H 15	H 16	H 17	H 18	H 19	H 20
小学校	24,077	23,318	22,709	23,825	23,927	22,652
中学校	102,149	100,040	99,578	103,069	105,328	104,153
合計数	126,226	123,358	122,287	126,894	129,255	126,805
年度	H 21	H 22	H 23	H 24	H 25	H 26
小学校	22,327	22,463	22,622	21,243	24,175	25,866
中学校	100,105	97,428	94,836	91,446	95,442	97,036
合計数	122,432	119,891	117,458	112,689	119,617	122,902

も，不登校児童・生徒に対する対応として，学校内での関係性の改善や活動への役割提供，家庭への働きかけや家庭訪問や保護者との協力関係構築ということが重要な視点であることが浮かび上がってきた。

また，滝川（2005）は不登校増加の背景として「高校進学率が 90%を超えて天井を打ち始めたこの時点（75 年を指している）から，長欠率は上昇に転じている。だれもが高校に進むようになれば，高校進学に向かって励めば豊かな将来が待っているという希望はリアリティを失ってしまう。進学できて当たり前，万一できなければマイノリティに脱落するという不安のほうが支配するようになる。…中略… 高学歴社会になれば学業への能動的な意欲や知への渇望，学校をかけがえのない大切な場とする意識は，むしろ，減衰をたどる」と，社会との関連から説明している。

このような経緯の中，大場（2010）は，「臨床心理士の立場からみた不登校の今」という論文の中で，「最近の不登校は変わってきたと言われる。非行や虐待，発達障がいを背景に持つ不登校が増え，葛藤のない不登校が増えていると言われる。しかし，実際に子どもたちに会ってみると葛藤は表立っては表現されないが，一対一でじっくり関わると，やはり葛藤を抱えていることが感じ取れる子どもたちが多い」と，不登校児童・生徒に関しての葛藤を認める一方で，「私が感じる最近の特徴は，学校へ行かないということに対する葛藤のない親が増えているということである。以前の親は子どもが学校に行かないことに対して強い罪悪感を持ち，是が非でも学校に行かせようとする親が大多数であった。子どもたちを結果的に追い詰めてしまう親もおり，親に不登校の子どもの気持ちを理解してもらうのに苦労した。しかし，最近では我が子が学校に行っていないのに，一所懸命に関わらない親が出現していきているように感じる」と，述べている。このように，不登校といっても，その原因の多様化や児童・生徒を取り巻く環境の変化もあり，ますますその対応は複雑になっていると思われる。

（2）ひきこもり

2001年の『現代とエスプリ』で組まれた特集「ひきこもり」の座談会において，北山は文明論から「日本で最初のひきこもりの事例はだれかと言うと，天照大神，天の岩戸の中に引きこもる」と述べ，神話のプロセスから「『世界は面白い』と自信を持って外部が言ったからこそ出てくるのだと思う」と，そこから「ひきこもり」に対するヒントを得ている。そして，「……つまり社会がひきこもっている人たちに対して自信をなくしている，『面白い』と言えなくなってきている。だから相対的にひきこもる人たちも増えるのではないかという印象がある」と述べている。また，「もともと私たちは繭の中から，ある意味で世界からひきこもった状態を保障されて出発するという発想がある」と発達モデルからの視点も加えている。そして，繭の環境から外界に適応していくためには，徐々に移行していくことが必要であり，そのような環境に恵まれることが必要なのだと論を進めている。

さて，若者のひきこもり問題は 1990 年頃から社会で認識されるようになったように思う。2000 年に発生したバスジャック事件の犯人がひきこもり生活をしていた青年であったことから，厚生省（現，厚生労働省）は「地域精神保健活動における介入のあり方に関する研究」という研究班を組織した。その成果として，2003 年に「ひきこもり対応ガイドライン」が公表された。また，保健福祉領域においてさまざまな支援が展開され始め，同時に，ニート対策という視点も盛り込まれ始めた。さらに，2010 年には，新たな治療・支援ガイドラインが公表された。さらに，厚生労働省は，2009 年から全国の都道府県・政令指定都市ごとに「ひきこもり地域支援センター」の設置を進めている。

最近では，貧困の問題も取り上げられることが多くなってきている。高度経済成長期，バブル期という時代を経て，ひきこもる子どもを抱えることができる経済的にある程度ゆとりのある家庭が多くなったことも事実であろう。しかし，その後の経済の停滞が続く状況下で，ひきこもり青年の年齢が高くなり，問題が複雑化していることも確かである。その中には，未治療の精神病の人も含まれており，早く治療に繋げてあげられたら人生が変わっていたのにと思うケースもあり残念に思うことがある。しかし，いろいろなタイミングやいろいろな周囲の状況によって，手をこまねいていたわけではないにもかかわらず適切な治療や援助に繋げられていないということも珍しくない。その一因としては，社会全体としての意識と，そのことが我が身に起きた時の意識とが完全には一致していないことも根底にあるのかもしれない。

（3）ひきこもり：日本とヨーロッパの比較

2014年に,「日仏ひきこもり共同研究グループ」によって『「ひきこもり」に何を見るか』が出版された。

日本とヨーロッパでは，社会現象となった時期に大きなずれがある。日本においては，ひきこもり現象の増加はインターネットの普及に10年ほど先んじているが，ヨーロッパではインターネットの普及以降であるという違いが見られ,そこには10年から15年のずれが存在するのである。さらに，両者にはいくつかの相違が指摘されている。

第1に，日本のひきこもりでは原因不明という事例が多い一方，フランスではひきこもるきっかけとなる事柄が比較的はっきりしているという。第2に，フランスのひきこもり現象は移民層などの社会の辺縁部から出現しているという点が挙げられている。日本において，ひきこもり現象の前史としてスチューデントアパシーが高学歴に特有の現象として出現した経緯はフランスには見られないという。第3に，フランスにおいては，ひきこもりと言われている人の相当数が固定した異性関係を持っているということであり，この点も大きな違いであろう。また，日本のひきこもりは失敗回避と考えられる一方，フランスのひきこもりは自立の失敗体験が明確であるという違いも記されている。

3．臨床心理士・臨床心理士を目指す者が訪問する意味

医療領域における往診，看護領域における訪問看護，ソーシャルワーク領域における訪問支援，教育領域における家庭訪問，心理臨床領域における訪問カウンセリングと，それぞれの内容や言葉使いもさまざまであるが，最近は「アウトリーチ」という言葉も使われており，多様な領域において出向く関わりが求められているように感じている。2011 年度に厚生労働省から「精神障害者アウトリーチ推進事業の手引き」が出されたことも,「アウトリーチ」という言葉の普及に影響を与えたようである。

臨床心理士の最もベーシックな訓練は，やはり一対一のサイコセラピーをきちんと行えるためのものであると思う。また，一対一のサイコセラピーを行える臨床の力は，活動の場の拡がりや活動様式の多様化が進むこれからの臨床心理士のアイデンティティにおいても重要な基礎力だと考えている。そして，その基礎力の上にさまざまな臨床現場の特質にあった応用を工夫していくことが次なる腕の見せどころとなるのであろう。このようにして，臨床心理士たちもアウトリーチを業務の中に取り込んできている現状がある。

さて，では臨床心理士を目指す者の現状はどうであろうか。現在は，臨床心理士養成大学院においてケース担当も義務づけられているが，すべての教育機関において，ケース担当数が潤沢とは言えない。E•R•I カウンセリングルームを開設した当時は，

臨床心理士養成大学院というものはなく，心理学関連の大学院生や修了直後の若い人たちは臨床の場を持つことが今以上に困難であった。そのような中で，虐待対応に追われる児童相談所や行政などによって「メンタルフレンド」等の名称を与えられた学生たちが多くの家庭に派遣されていた。彼らは臨床心理士のスーパーヴィジョンを受けるという建前ではあったが，実際には虐待事例対応に追われる児童相談所の職員たちにそのような時間的余裕はなく，サポートを受けられないままケースを抱え込み悩むということが多くあった。いろいろなことが過渡期であったということであろう。ただ，臨床家を目指す者が，専門家の目の届くところで訪問という体験をすることは大変意義があると思う。若い感性で，情報量が多い訪問という状況でクライエントと関われることは大きな学びのチャンスになることは間違いない。不登校やひきこもりという現象が多くある現在においては，クライエント側にも訪問カウンセリングへのニーズがあるので，ここにも１つの大きな臨床の場が出現したということになるだろう。

訪問カウンセリングにおいては，クライエント本人だけにとどまらず家族との関係性も避けられない状況になりやすい。そして，面接室で会う時以上に家族の関係や問題が臨床家に諸々の影響を与えてくることになる。一人のクライエントに寄り添うという体験に加えて，家族関係の理解や時には家族療法的な関わりによるクライエントの変化を実感するなど，多義性をもった学びの場となり得る。

臨床心理士を目指している者あるいは臨床心理士になりたての者が訪問カウンセリングに赴く場合は，まずは年齢の近い思春期という対象を中心に考えたほうがよいと思う。そして，訪問時にクライエント以外の家族とのやりとりがあまりに増えるような場合には，やはりそこへの対応はスーパーヴァイザーなどの熟練者が行うことが必要になる。

さて，それでは，訪問されるクライエントや家族にとっては，どのような意味があるのであろうか。どのような立場の人が訪問しても，家庭に新しい風が吹くという１つの作用があることは言うまでもないが，さらに，現実的に動けなくなっているクライエントやその家族に対して，その動けなくなっている現象の意味を理解し伝えることは大きな意味を持っている。この点において，臨床心理士は大いにその専門性を役立てることができるだろう。

４．セラピストにとっての訪問カウンセリング

訪問カウンセリングを希望される場合，問題発生から時間が経っていることが多いように感じている。それも，単に時間が経っているというだけでなく，さまざまな対応を試みたあと，つまり，複数の他の相談機関を巡って，それでもなかなかうまくいかなかった，そして，今日に至っているという場合が多いようである。

こうして，ほとほと困ってというスタンスで相談に来られることが多いので，クライエント自身あるいは家族，時にはその両者が，今度こそ何とかしなければという強い決意を持って来られることがある。その時，訪問カウンセリングへの過剰な期待を持たれても困るのだが，クライエントたちの「家に来てもらってでも……」という決意は，これまでとは違った道筋を切り開く大きな要因の１つとなり得ることは確かである。やはり，かなり困った状態に陥ったとしても，家に他人が来るということは尋常ではない感覚なのであろう。それから，E•R•Iカウンセリングルームの場合には，料金的にも支払う側からみればか

なりの負担であることは疑いようもない。ここまでしなければという思いも，もう1つ状況の進展に拍車をかけることになるのだと思う。

しかし，逆に考えると，これまでいろいろなことを試してみてもうまくいかなかったということは，状況はかなり難しいということが予想される。また，問題発生から時間が経っているということも，状況をさらに難しくさせていることは間違いないのである。不登校・ひきこもりということに端を発したケースで，すでに30代，40代になっているという場合には，もう少し早く繋がることができればよかったのにと，つい思ってしまう。クライエントがこのような年齢になると，その両親も高齢となっているので，鬼気迫る印象を受けることがあるが，しかし，このようなケースの場合には，いつも以上に慎重に対応しなければならない。クライエントの病理が重い可能性も大きいし，そのクライエントの人生に寄り添うことを思うと相当な覚悟が必要になるからである。

サイコセラピーの基本は，やはりクライエントがいつもの場所を訪れるとセラピストが待っているという一対一の面接構造だろう。そして，そこで行われていることは決して外には漏れない。つまりセラピストは「黒子」の仕事なのだということである。そこで起こったことは，そこにいる2人以外には決して同じ感動を与えるようには伝えられないという，ものすごく贅沢な構造がある。逆に言えば，面接室の外の人に，セラピストの仕事を本当に理解してもらうことは難しいということである。クライエント自身も，多くの場合には，そこで起きたことは外では話さないので，厳密にはセラピストの仕事が白日の下にさらされるということは起こらないことになる。

しかし，今の時代が，北山（2012）が言うように，駅裏が喪失して人々のこころの置き場所がなくなり，さまざまな問題が巷にあふれてくるようになった，と考えるならば，セラピストも巷に出ていく必要性が強まったのかもしれない。その視点から不登校やひきこもりというものを見てみるならば，こころの置き場所をなくしてどこにでも問題が露呈しそうになっている状況には身を置かず，家という守りの中で過ごすということは今の社会状況を反映しているとも言えるのであろう。しかも，外の社会で問題を起こさないという選択は，むしろ賢明な選択なのかもしれない。ただし，その際の代償は大きいものになる。そして，この時，黒子であるセラピストのほうが面接室から出ていくことになるのだが，黒子が外に出ていく時，セラピスト自身が外界への注意にいつもよりエネルギーを割かなければならないので，こころを扱いきれないということが起きる可能性が高くなるのである。このことを十分自覚して，自分自身や状況を過信しないよう肝に銘じなければならない。

最後に，経済面も大きな問題である。2004年の『現代のエスプリ』の「座談会　訪問カウンセリング」の中でも「訪問と料金」についての話が展開されている。そこでは，初回３万円，２度目以降は２万円という料金が紹介されている。この料金は高いのであろうか，それとも安いのであろうか。支払う側からみれば，相当高価な金額であろう。しかし，訪問する側からみれば，訪問の行き帰りに要する時間などもあり，経営的に考えるならば不安な金額と言わざるを得ない。訪問の行き帰りに要する時間なども考えると，訪問カウンセリングの経済効率は非常に悪いということになる。そのようなこともあって，公的な派遣の基盤がある福祉分野が担うことが多くなったということもあるだろう。この経済効率という面も，訪問カウンセリングの困難な一面である。しかし，だから行わないほうがいいという結論を出すのは，あまりに短絡的ではないだろうか。

この点を克服するためには，多くのカウンセリングルームやクリニックにおいて訪問カウンセリングが行われるようになることが必要だと考えている。遠い地域のクライエントから訪問カウンセリングの依頼があった時，訪問にあまり時間のかからない地域のサービスを紹介することができるからである。ただ，これも，こころを扱うことから，あえて遠くの人に来てほしいと希望することもあり得るであろう。

もろもろ考えると，こころを扱うという場合，本来は経済効率という考え方そのものがそぐわないのかもしれない。このことも訪問カウンセリングの拡がりを難しくしている要因であることは確かである。逆に言えば，公的な基盤を持たない臨床心理士が求められる狭間もここにあるのかもしれない。

文　献

浅賀ふさ（1965）巻頭言　訪問カウンセリング．教育と医学，13 (2); 1-2.
淵上規后子（2005）訪問カウンセリングの可能性と留意点─カウンセリングの現場から．更生保護，56(2); 22-25.
福盛英明，村山正治（1993）不登校児の訪問面接事例からの一考察─「家庭教師的治療者」という視点から．九州大学教育学部紀要，38(2); 133-141.
古屋健治（1965）訪問カウンセリング．教育と医学，13(2) ; 10-15.
ヘネシー澄子（2011）健康な家族アメリカ（HFA）─親の長所を支えて行う養育支援訪問運動．世界の児童と母性，70; 81-86.
保坂亨（2002）展望　不登校をめぐる歴史・現状・課題．教育心理学年報，41; 157-169.
今井靖親（1970）訪問カウンセリングの意義と方法─特に学校恐怖症の治療をめぐって．奈良教育大学教育研究所紀要，6; 111-122.
岩堂美智子（1974）訪問治療について．大阪市立大学家政学部紀要，22; 15-18.
加藤博仁（2007）訪問カウンセリングの方法に関する実践的研究（1）─

家庭訪問の困難性と個人面接の方法．吉備国際大学社会福祉学部研究紀要，12; 133-143.
北山修（2001）座談会　ひきこもりについて．現代のエスプリ，403; 5-34.
北山修（2007）劇的な精神分析入門．みすず書房．
前田重治，北山修（2012）ダイアローグ―精神分析と創造性．遠見書房．
文部科学省（2013）平成25年度「児童生徒の問題行動等生徒指導上の諸問題に関する調査」結果（小・中学校の不登校等）について．hppt://www. mext. go. jp/b_menu/houdou　/26/10/1351936. htm（2015年4月22日取得）
村瀬嘉代子（1979）児童の心理療法における治療者的家庭教師の役割について．大正大学カウンセリング研究所紀要，2; 18-30.
武藤清栄，渡辺健編（2004）訪問カウンセリング―危機に立ち臨み語るこころ．現代のエスプリ，445.
長坂正文（2005）不登校生徒への訪問面接．臨床心理学，5(1); 34-38.
成瀬悟策（1965）訪問カウンセリング．教育と医学，13(2); 37-45.
大場信惠（2010）臨床心理士の立場からみた不登校の今．教育と医学，11; 14-27.
精神療法編集委員会編（2014）アウトリーチとソーシャルサポート―前面から接近困難なら側面から関わろう．精神療法，40(2).
下山昭博（1999）不登校生徒への教師チームによる訪問カウンセリング．福岡教育大学心理教育相談研究，3; 53-68.
篠原恵美（2004）準専門家による訪問援助の実践的研究．カウンセリング研究，37; 64-73.
鈴木國文，古橋忠晃，ナターシャ・ヴェルー編著（2014）「ひきこもり」に何を見るか．青土社．
田嶌誠一（2005）不登校の心理臨床の基本的視点―密室型心理援助からネットワーク活用型心理援助へ．臨床心理学，5(1); 3-14.
滝川一廣（2005）不登校理解の基礎．臨床心理学，5(1); 15-21.
渡辺健（2005）ひきこもりへの訪問カウンセリング．臨床心理学，5(2); 289-291.

対象と治療構造

本章では，臨床心理士が訪問カウンセリングを行う際の対象と治療構造について考察する。

セラピストがクライエントを訪問する典型的なケースとして思い浮かぶのは，不登校の児童・生徒がいる家庭への訪問であろう。実際，筆者が訪問カウンセリングを始めたのも，スクールカウンセラーとしての活動の中で，学校に来られない児童・生徒のもとへカウンセラーが赴く必要性を痛感したからであった。しかし，訪問カウンセリングを実践する過程で，不登校の児童や生徒以外にも，訪問カウンセリングを必要とする人々がいることが見えてきた。カウンセリングが必要なのにカウンセリングルームに来られない人は少なくなく，その理由もさまざまなのである。

訪問対象が拡がれば，不登校の児童や生徒を訪問する場合を想定した治療構造では不十分となり，柔軟性が求められる。しかし，最低限の治療構造は守らなければならない。訪問カウンセリングというものの特長を押さえた上で，柔軟性と守りというせめぎあいを上手にコントロールすることが求められるのである。

1．訪問カウンセリングの対象者

（1）　不登校・ひきこもり

先述した通り，不登校の児童・生徒への訪問カウンセリングを始めようと考えたきっかけはスクールカウンセラーの体験であった。ここで当時の体験を振り返ってみたい。

スクールカウンセラーの仕事を行う上での最大の問題は，時間の絶対的な不足である。これは一人筆者だけの体験ではないと思う。多くのスクールカウンセラーは，一校当たり週８時間という時間制限の中で，不全感を抱きながらギリギリのところで創意工夫をこらしているのではないだろうか。

学校の中を歩きながら様子を見たい，養護教諭の先生とも情報を共有したい，面接室にふらっと訪れる児童・生徒とも関わりたい，連絡のある保護者とも話をしたい，職員室で先生方とも触れ合いたい，用務員さんからも児童・生徒の気になる様子を聞き出したい等々，私も時間との戦いに明け暮れていた。そのような中にあっても，担任の先生と一緒に児童・生徒の家を訪れるということも大切な仕事の１つであった。

このような状況では，近隣の学校との連絡などは事実上不可能である。近くの中学校と小学校に校長先生とともに挨拶に伺ったが，訪問先の学校のスクールカウンセラーと会うこともできなかった。勤務日が異なるので当然の帰結である。また，特別支援の学校と連絡をとることもなかなかできなかった。お互いの勤務時間では，電話で話すことさえままならなかった。人手不足，時間不足という壁は，容易には超えることができない高い壁なのである。

そのような中でも，カウンセラーやメンタルフレンドが訪ねてきてくれることを待っている児童•生徒が少なくないことは，痛いほどに感じた。家の中に外の風が吹きこむことは，多少の危険性を伴いながらも，動けなくなっていた空気の流動を引き起こす可能性がある。田嶌（2001）は，スクールカウンセリングという枠組みにおける論文の中で，「家庭訪問」「訪問面接」が不登校やひきこもりに有効な援助方法であるという考えを述べ，「(スクール）カウンセラーが有効な家庭訪問の留意点を心得ておくことは，教師へのコンサルテーションにおいて不登校・ひきこもりへの家庭訪問のやり方を助言するのに役立つし，スクールカウンセラーに必須の重要なレパートリーであると筆者は考えている」と，訪問の重要性を強調している。

不登校・ひきこもりとなっている児童・生徒の状態はさまざまである。不登校になっていても家にひきこもってはいないケースもある。家からはほとんど出ない場合でも，自室にこもっているとは限らず，家の中では普通に生活をしている場合もある。

第２部で紹介する事例のケース１は，自室にいることが多い青年だったが，自室にこもっているという印象ではなかった。家庭内暴力はなく同胞との関係が良好だったこともあり，むしろ，自室にこもる時間帯と家の中でわりと自由に過ごす時間帯を分けているように見えた。一方，ケース２は，他の家族が家を出てしまい，クライエントは開け放たれた自室にいるという日常であった。家庭内暴力があって家族は憔悴し，クライエントも分かってもらえないと感じて自暴自棄になっている印象があった。

不登校となっても，時どき，あるいは，ある条件下では学校に行ける場合には，スクールカウンセラーが対応することが一般的であろう。ほとんど学校に行けない場合でも，担任やスクールカウンセラーの家庭訪問を受け入れている場合には，同様の対応が考えられる。しかし，登校できず，担任やスクールカウンセラーと会うことも拒否している場合には，家族は途方に暮れることが多い。やむなく，家族だけで教育相談やクリニックへの受診を始めることもある。家族がサポートを受けることによって，当人もゆっくりと良い方向に向かうこともあるので，これも有効な対応の１つである。

しかし，たとえ家族が何らかのサポートを受けていたとしても，不登校になっている本人が一向に変化しない場合や家族ともコミュニケーションが取れなくなってしまった場合，あるいは家庭内暴力のような状態になっている場合には，家族の心労は限界に近づいていく。家族は，もしやこの子は精神的に病んでいるのではないだろうか，この子の将来には希望を持てないのだろうかという不安に苛まれることになる。

そのような不安が強まってくると，当人を専門家のところに連れて行きたいという切なる思いが湧き上がってくるが，すでにその思いを本人に伝えることもできなくなっていることが少なくない。あるいは，伝えられたとしても本人の抵抗にあうことも多い。本当は本人も大きな不安と強い絶望感に苛まれているが，素直に助けを求めることができず，屈折した自分自身のこころを持て余しているのである。このような時，第三者が登場して働きかけを行うことが膠着状態を打開する契機となる。

E•R•Iカウンセリングルームでは，不登校・ひきこもりの児童・生徒がクライエントとなる場合には，若いスタッフを派遣することが多い。セラピストとクライエントの年齢が近いことが良い効果をもたらすと考えてのことである。

すでに学齢期を過ぎて長きにわたり家にひきこもっている人も訪問の対象となる。ただ，この場合には，学齢期の人と関わる時以上の慎重さを持つ必要があると考えている。中には，精神病を未治療のまま年月を重ねてしまったケースもあり，重篤化している可能性があるからだ。このようなクライエントのもとに若いスタッフを派遣するということは難しいと感じている。

（2）高齢者・その他

不登校の児童生徒を対象として始まった訪問カウンセリングは，意外な対象の拡がりをみることになった。まずは高齢者である。足が悪いので，体力がないので訪問してほしいという依頼を受けて，当然の思いではあるが初めは大変驚いた。しかし，タクシーに乗ってカウンセリングルームまで来ることを考えると，訪問費用と大差ないということになるので不思議なことではないのである。実際にカウンセリングルームに来室しても，現在はエレベーターのない建物の２階にあるため，カウンセリングルームに入ること自体難しいという現状がある。本当は外出することも気分転換になるなど，カウンセリングそのもの以外の要因による良い作用もあるのだが，家に外の風が吹くという面を考えるならば，自宅に他人がやってくるということも非日常になり得るのは確かである。カウンセリングルームの非日常とは異なるものの，やはりそこにも非日常性は存在することになり，何かこれまでとは違う変化がもたらされる可能性はあるということである。

また，高齢者の中には，配偶者の介護を自宅で行っている人もいる。自分自身の体がきついこともあるが，なにより長時間の外出自体が難しいという状況を抱えていることもある。訪問してもらえるならば，１時間誰かにお願いすることで対応できる。そして，カウンセリング中に家族に緊急事態が起きても安心ということは，大きなメリットなのであろう。家族の介護ということでは，高齢者だけにとどまらず，若い層の人も対象となる。親の介護をする子ども世代の人も，同様の理由で訪問カウンセリングを希望することがある。

また，乳児を抱えている母親も対象になっている。1時間なら頼める人がいるという現実は訪問カウンセリングの必要性を高めている大きな要因である。この「1時間なら」という感覚は，今の時代の最大公約数なのかもしれない。それと，緊急事態への対応などから家から遠くには行けないという制約を負っている人も相当数いるという実感を持つようになった。

さらに，ターミナルケアという状況への対応に至っては，病室あるいは自宅への訪問となることが自然である。病気の本人ではなく家族の話を伺う場合でも，長時間不在にすることは不安感を高めてしまう。人生の最期の時を自宅で過ごしたいと本人が希望し，ドクターからの訪問カウンセリングの依頼がくることがあるが，自宅に伺う相談をする前に亡くなってしまうことも多く，お役に立てないもどかしさがある。本来であれば，もっと早い段階から関係性を持てていることが望ましいし，そうしてこそ，最期の時を共有できるのだと思うが，まだまだ課題があるように思う。また，その時間をともに過ごしていればこそ，残された家族のケアに関しても何か役に立つ可能性が高まるのであるが。しかし，このことは，医療の場の現実的な体制や制限もあって，まだまだ課題の多い分野である。まずは，癌センターにも臨床心理士がいない病院がある現状を見直し，病院でのサポートが十分に行われることが先決である。その流れの中で，退院後あるいは残された家族へのサポートまでも含めた訪問カウンセリングも選択できるメニューに加えられるならば，豊かな支援体制となっていくのではないかと考えている。

2．訪問カウンセリングの治療構造

（1）家庭を訪ねるということ

訪問カウンセリングは，多くの場合，家庭を訪ねることになる。ひきこもりや身体的不調など理由はさまざまであるが，外出しにくい状況があることがその大きな要因の1つである。治療構造の視点から見ても危うさを伴う可能性が高く，さまざまな工夫が必要になる。クライエントの心理状態からは侵襲的な感覚を持ちやすくなる。また，クライエント自らが面接室に足を運ぶ場合に比べて，モチベーションが低くなる場合が多いことは自明のことであろう。身支度をして，約束の時間に間に合うよう面接室を訪れるという現実的な行動は，モチベーションがなければできないことである。逆もまた真なりで，そのような行動を続ける中でモチベーションが上がるとも言える。セラピストは，これらの特徴を分かった上で対処することが求められる。

また，家庭を訪ねるということには，家族との関わりという避けて通れない状況が発生することにもなる。第2部に載せたケース報告のほとんどにおいて，家族との関わりについての記述がある。ケース1は最寄駅から遠いという立地条件もあり，ほぼ毎回，母親あるいは父親に送迎してもらうというスタイルになっている。時には，両親による送迎という回もあり，往復30分という時間はクライエント本人との面接の半分の時間に相当するものである。ここで展開することがらも，クライエントとの面接にさまざまな影響をもたらすことは当然のことであり，むしろ，こうしたことも含めて全体の流れを見ていく視点が重要になるであろう。家族の関係性のあり方やコミュニケーションの特徴がセラピストを巻き込んだ形で展開することから，問題点を明確に共有しやすくなるという利点もあるが，同時に，家族の問題に急激に巻き込まれるということも覚悟しなければならない。

このように，来室しての面接と同様の治療構造でやっていけない分，契約にはかなり慎重にならざるを得ない。場合によっては，書面での契約を取り交わす必要があると判断されるケースもある。実際，開設当初の訪問カウンセリングの契約はすべて書面での契約を行っていた。しかし，日本文化の中で，しかも話を聞いてもらうということに関しての書面での契約の取り交わしというのは，なんとも馴染まない印象があり，迷った時期のあることも事実である。実は，契約をしっかりするということは，クライエント，セラピスト双方にとって大切なことであり，安心を確保することでもあるのだが，文化的慣習というものを勘案して書面での契約を省略（簡略化）するなど，ある程度の危険性を覚悟しなければならない事態もある。このように，迷い，考え続けることにこそ実は意味があるのかもしれないと思う。この問題は，私設のカウンセリングルームなどの民間機関であるがゆえに生じる困難であるかもしれない。

同時に，クライエントの立場から見るならば，医療機関でもなく公的機関でもない民間機関に援助を依頼するということは，最初のとっかかりとして訪問依頼を容易にするという場合と，逆にあれこれ手を尽くした後の1つの可能性に託すという場合があるであろう。

（2）家庭以外への訪問

不登校・ひきこもりのクライエントの場合には，家以外への訪問ということはほとんどあり得ない。これまでに体験した家庭以外への訪問は，自宅で家族の介護をしている場合など特殊な事情を抱えている場合であった。クライエントの不安や問題に介護の現実も関わっていることは容易に予想されるので，クライエントの提案を受け入れ喫茶店での面接を行うことがあった。ただし，この場合には，可能な限り，会話の秘密が守られる条件を満たすような店を選択するよう，訪問者から要望を伝えている。また，クライエント自身が企業等の経営者などで自由になる時間に大きな制約がある場合にも，喫茶店やホテルの喫茶ラウンジを活用することがある。

治療構造という観点からはかなり冒険的なことではあるが，第三者の目があるという点では，訪問者の危険性の面からみれば，家庭への訪問よりむしろ安全性は高いといえるであろう。しかし，プライバシーを含めてクライエントを守るという意味においては，セラピストの抱える力，言い換えれば力量が面接室での関わりよりは格段に必要となる。

これまでの場合，セラピストは訪問先の土地勘に乏しいということもあり，面接場所はクライエントに選択してもらった。たいていの場合，クライエントが選択した場所は，第三者の目がある空間でありながらも，店内が空いているとか他の客たちとの間に十分なスペースがあるなど，会話内容の秘密を守ることができるところであった。したがって，このような場合には，クライエント本人に場所を選択してもらうことがよいのだろうと考えている。クライエント自身が，自分の問題を他者に語る場を探すのであるから，遮音性など場所の選択に際して譲れないポイントはクリアされている。

しかし，訪問自体がすでに治療構造を難しくしている要素であるから，可能な限りは家庭への訪問という形で行うべきであることは言うまでもない。

（3）行くと来るの違い

まず服装という観点から考えてみたい。クライエントは，面接室に行く場合には，たいていの場合は外出する装いをする。訪問カウンセリングを希望する場合でも，セラピストを迎えるという意味では完全な普段着ではないこともある。クライエントや家族にとって，セラピストが来る場合には，服装に加えて，家の掃除という一仕事も増えていることが多いのであろう。カウンセリングルームへ行く場合ほどのモチベーションにはならなくても，掃除をし，あるいは掃除をする音を聞き，そして見られてもいい服を着るという緊張感はあるように思う。ただし，クライエントが一家の主婦である場合には，家の中がかなり乱雑で不衛生になっていることも珍しくない。

上記のようなことを前提として，セラピストはどうするのがよいのであろうか。セラピストは，自分の個性を表現しながらも，面接室ではサイコセラピーに適した装いを心がけていると思う。いろいろなクライエントが訪れるので，一人ひとりのクライエントに合わせて服装を決めているということはないであろうが。一方で，家庭を訪問する時には，服装への配慮も時には必要だと感じている。その家その家の生活スタイルや生活レベルというものを把握して，ある程度チューニングすることは大事で，訪問の抵抗感を緩和してくれることに役立つポイントでもあろう。

面接室で飲食をすることは基本的にはないが，訪問時にはお茶が出されることがほとんどである。時には，食事が用意されてしまうことさえある。面接場所として喫茶店などを利用する時には，飲み物を注文することは自然な成り行きであろう。この際の支払いに関しても，さまざまな対応が考えられるが，一様に決めることはできない。クライエントの考えや感覚を大切にすることも忘れてはいけないので，自宅でお茶を振る舞う代わりなのでという感覚のクライエントに対しては「ごちそうさまでした」という感謝の気持ちで対応するのが自然ではないだろうか。家庭を訪問した際にお茶が出されることが多い状況の中で，お茶はやはり飲むのが礼儀であろう。非日常という関わりの中にあっても，私たちが生きている文化や常識から必要以上に逸脱する行動は治療関係においてもマイナスに働くことのほうが多いからである。しかし，クライエントが一家の主婦だったり，あるいは家族の問題に家族中が疲れ果てていたりして，家の中の衛生状態が保たれていない場合，そこでお茶をいただくことには勇気が必要なこともある。用意する前に辞退できる場合はいいが，すでにお茶が運ばれてきてしまったら，これをいただくことから関係性が始まるのではないだろうか。掃除もままならない状況でも，家を訪ねてきた他者にお茶を出すという労に報いて感謝してから治療構造の構築へと歩を進めるのがよいであろう。これまでの経験では，むしろお茶が出ない場合のほうが，状況はさらに深刻なことが多かった。日常レベルでのアセスメントは意外に重要なポイントである。

面接室をクライエントが訪ねてくる時，セラピストはクライエントの来室時刻を重視していると思う。これは，セラピストが家庭を訪問する時にも同様に重要な治療構造の１つである。少し余裕をもって訪問先の近くまで行っているという訪問時刻厳守のための努力は必要であり，ここにも訪問という形式に伴う時間的なロスが生まれる要因がある。セラピストにとっても，面接室で待っているより家庭へ行くという行動は多くの努力とロスを覚悟しなければならないことなのである。

本章を終えるに当たり，クライエントが面接室を訪れる形でのカウンセリングと訪問カウンセリングの違い，および，その違いに対して訪問カウンセリングを行う際に考慮すべき点を表２にまとめておく。

文　献

田嶌誠一（2001）不登校・引きこもり生徒への家庭訪問の実際と留意点. 臨床心理学，1(2); 202-214.

表2　訪問カウンセリングと来訪によるカウンセリングの違い

項　目	面接室に来訪する場合との違い	訪問カウンセリングを行う際の考慮点
クライエントや家族の抵抗感	他人が家に入ることへの抵抗感は強い（本人も家族も）。 本人がセラピーを希望していない場合，侵入される感覚を持つかもしれない。	他人の家を訪問する場合の常識を守る。 訪問先の状況に応じた服装。 節度ある行動（クライエントが同意しない限り，クライエントの自室には入らない，など）。
クライエントにとってのメリット	精神的，身体的，環境的要因で面接室に行けないクライエントでも，心理的な支援を受けられる。	面接室に来れない事情を考慮して訪問するセラピストを決める。 （例） —不登校の児童・生徒なら，年齢の近いセラピスト。 —身体が弱った高齢者なら，経験の深いセラピスト。
クライエントのモチベーション	家族の希望で訪問を始めた場合，本人にはモチベーションが乏しいことがある。 開始後も面接室に出かけなくてよいので，モチベーションを保ちにくい面がある。	クライエントの本心を探る（内心では助けを求めていることも多い）。 セラピストの定期的な来訪をモチベーションの維持に繋げる。
クライエントの状態	重篤化している場合が少なくない（最後の手段として訪問カウンセリングを決断することが多い）。	初回は経験の深いセラピストが訪問してアセスメントする。 本人と会話できなければ，家族との面談でアセスメント。家の中がどうなっているか等も重要な手がかりとなる。

項　目	面接室に来訪する場合との違い	訪問カウンセリングを行う際の考慮点
安全性の確保	セラピストだけでは安全性を確保することが困難。 家庭内暴力がある可能性もある。	セラピーの間は家の中に家族がいることを訪問の条件とする。 家庭内暴力の有無は，初回訪問時のアセスメントで見極め。
治療構造	セラピーの場をセラピストがコントロールできない。その分だけ，治療構造を構築して維持する上で不利。	セラピーを行う上での約束事をクライエントとしっかり共有する。 毎回同じ時刻に訪問し，同じ部屋・同じ場所で話をすることで，構造を作る。
クライエントの家族との関わり	訪問先に家族がいるのが常態。 家族との関わりの中でセラピーを行う。 急に家族の問題に巻き込まれる可能性もある。	セラピーの流れを振り返る際に，セラピストと家族の関わり合いも要因の1つとして捉える。 家族間の問題が見やすい点はメリットでもある。
経済効率	往復にかかる時間の分，効率が悪い。	来訪でのセラピーに比べて高目の料金設定が必要。
セラピー中の飲食	お茶が出てくることが多い。 食事が用意される場合も稀にある。	お茶は礼儀としていただく（自分たちの文化からの過度の逸脱はセラピーにもマイナスとなる）。

Ⅲ 訪問カウンセリングのキーポイント

本章では，訪問カウンセリングを行う上でのキーポイントを以下の３つの観点から考察する。①ケースの見立てをどのように行うか。②訪問するセラピストの選定とサポートをどのように行うか。③クライエントやその家族をどのように支えていくか。

１．見立て

（１）本人の見立て

第２部で紹介する事例のように，不登校・ひきこもりという内容で相談があった場合には，小学生から40代くらいまでのクライエントが対象となるので，精神病や発達障碍の有無を見極める必要性が高くなる。しかし，本人にあまりモチベーションがない場合が多いことから，アセスメントの段階で心理検査を実施することが馴染まないケースが多いように思う。したがって，初回は臨床経験が豊富な者が訪問し，面接でアセスメントを行わなければならない。この時点で，少なくとも自殺念慮や自傷他害の危険性の有無に関しては早急にアセスメントする必要がある。その結果，病院や療育施設を紹介する必要があると判断された場合には，そこに繋がれるようにクライエントや家族の気持ちを支えることが第一義的な仕事になる。

訪問カウンセリングを依頼してきたということは，クライエントがすんなりと医療機関を受診しないことが予想される。したがって，単にアセスメント結果を伝えて病院に行くよう勧めるということでは不十分である。他の機関に繋ぐ必要があるとのアセスメントであっても，まずはクライエントと繋がる努力から始めなければならない。クライエント自身，こころのどこかで病気への不安を抱えていることもあるので，そのような不安を語る場を提供し，病院での治療に向かえるようサポートできればまずまずの出発ということになるであろう。クライエントが自身の病気を受け入れられない段階であっても，困っている症状に関して楽になりたいという気持ちを持っていることはある。クライエントが考えられることから一緒に話題にして，困っていることへの対応をともに目指すということになるであろう。

最も困難なケースは，クライエントの病理が重く，しかも病気への自覚がない場合である。さらに，家族への理不尽な要求や振り回し，あるいは暴力などがある場合には，訪問自体が難しいこともあり得る。このような場合には，家族からの情報提供を受けることになるが，そこで多少のアセスメントができたとしても対応はかなり困難を極めることになる。

以上，不登校・ひきこもりの場合を中心に書いたが，それ以外の場合でも，上記のアセスメントのポイントは最低限押さえる必要があるだろう。また，直接的なアセスメントではないが，ターミナルケアの場合などは，医療機関に赴く可能性もあるため，クライエントが入院中の医療機関との連携がとれるかということも重要なポイントになる。

（2）家族関係からの見立て

訪問カウンセリングの特徴の1つとして，家族が暮らす場にセラピストが足を踏み入れるということがある。中井久夫（1995）は「そういえば，ついこの間まではどの町でも訪問する家ごとに少しずつ違った匂いがあった。しっとりと，あるいはひんやりと，あるいはじめっと，あるいはそれらの混合に一種のさわやかさに似たものが混じった古い日本家屋の匂い …中略…あれは，その家その家にいりこんでいる茸やカビのたぐい，そしてそれの作るいろいろなものの匂いがベースになっているのではあるいまいか」と家の匂いをとりあげ，それらには家への馴染みを作る要素と鎮静効果があると述べている。精神科医として，多くの往診を経験してきた中井は，家族，家庭の雰囲気を掴むためにあらゆる五感を使ってさまざまな理解と判断に役立てていたのであろう。

家庭を訪問する時，家族がそこにいることから，家族関係を理解することもクライエントのアセスメントに役に立つ重要な手がかりとなる。たとえ，そこに家族全員がいなくても，家庭の雰囲気から家族関係についてのかなりの理解が可能となる。その手がかりの1つは，中井が指摘するように匂いかもしれない。中井の言う菌臭に加えて，食べ物の嗜好からくる匂いや洗剤の匂いまでもが加わり，その家その家の匂いは訪問者の脳裏にかなり深く刻まれるように思う。そして，その匂いの変化というものは，無意識にまで痕跡を残すものであろう。

匂い以外にも，家の中が片付いているか散らかっているか，装飾品や居間に置かれている写真，飼われているペットの振る舞い，居間にいない家族メンバーの気配や音など，ある意味訪問者にとっては情報の洪水である。これらの情報の中から，今クライエントやその家族関係を含めたアセスメントをする上で必要な情報を思考の最前線に並べていく作業が頭の中で続くのである。

カウンセリングルームにクライエントとその家族が同席する時以上に，情報の洪水の中でのアセスメントは難しい。そして，たくさんの情報があるがゆえに逆に見えなくなってしまう部分もある。訪問者は，たくさんの家族メンバーに対して言葉を返すなど対応をしながらそこに身を置くので，かなりのハードワークを強いられることになる。

家族関係からの見立ての中で，クライエントに関わる上でのキーパーソンを見極めることは重要課題である。また，訪問者が闖入者ではなく，本人や家族に受け入れられることは大切なことであり，この時に，ペットが大きな役割を果たすことが意外に多いと感じている。いや，意外というより当然かもしれないが。

１つ例を挙げてみよう。ケース１で紹介されている事例で筆者が最初に訪問した時のことである。ケース報告者も述べているように，その時も，家族が最寄駅まで車で迎えに来ていた。そして，家に着くと，家族全員が揃っていた。本人と話し，それに加えて家族全員とも話をし，アセスメントの結果を伝えて若いスタッフによる訪問が開始されることになった。この時，１匹の年老いた猫が，その話し合いの間中，居間の窓際で寝そべっていた。そして，話し合いが終わって筆者が帰ろうとした時，その猫が近づいてきて筆者の手をちょっと舐めたのである。筆者はお返しに，その猫の頭を軽く撫でた。それを見ていた両親はものすごく驚いた顔をしていた。その猫は家にお客さんが来てもほとんど姿を現すことはなく，ましてや他人に挨拶をしたり頭を撫でさせたりすることなどあり得ないということであった。この猫の振る舞いによって，家族全員が筆者への信頼を急速に深めてくれたことは言わずもがなである。また，月日が流れて訪問が終わろうとしていた頃，筆者が家を訪れて帰ろうとした時，この猫は再び筆者のところにやってきて挨拶をした。あたかも，「ありがとう」と言っているかのように。筆者はとても自然な流れだと感じた。

家族関係からの見立ては，最初だけのものではない。本人も変わるが，家族それぞれも変わり，そして家族関係も変わる。ここにも，流動的な変化があり，アセスメントの更新が必要であることは一般のサイコセラピーと変わらない。

本人の見立てと家族関係からの見立てに関するポイントを，表３にまとめておく。

２．訪問スタッフの選定とサポート

（1）クライエントと訪問スタッフとのマッチング

クライエントが児童，生徒，学生の場合には，大学院２年目以降のスタッフを派遣することに抵抗はなく，むしろ，きちんとアセスメントしたあとにはお兄さん・お姉さん的存在としてクライエント側にも受け入れられやすいと感じている。この場合には，クライエントの状態や性別，スタッフの性格や性別，スタッフの訪問にかかる通勤時間などを考慮して決めることになる。クライエントには，２人くらいのスタッフを提案するが，最初の訪問者を決めるのは筆者の役割である。その際，何回か会ってみて合わないようならばスタッフは変えてみる旨を伝えているが，これまでに，ミスマッチからの訪問スタッフの交代に至った例はない。訪問スタッフを潤沢に抱えている場合にはマッチングは行いやすいが，実際には限られたスタッフの中でマッチングを考えながら派遣を決めることが多く，苦労する点でもある。

クライエントが大人である場合には，若いスタッフの派遣はなかなか難しいのが現状である。このような場合，かならずしもクライエントと同等の年齢である必要はないが，少なくとも，臨床心理士資格を取得しており，かつ臨床経験が多少あるスタッフを選択することになる。

最初の訪問でアセスメントを行ったのち，筆者が選んだ訪問スタッフに連絡をする。まずは，電話で概要を伝えて，訪問スタッフも関心を示し行ってみたいと思えるようならば，事前のスーパーヴィジョンの日程を決めることになる。

（2）訪問スタッフへの教育

多くの訪問スタッフは若いスタッフであるが，経験のあるスタッフもいる。主に教育という面から関わりを持つのは若いスタッフに対してで，そこではクライエントへの責任という面も強調される。もちろん，経験のあるスタッフも状況によって，あるいは本人からの希望によって教育体制は保障されている。主な教育体制としては，充実した個人スーパーヴィジョンが中心である。

訪問が決まると，まず事前のスーパーヴィジョンを行う。そこでは，クライエントの見立てを伝え，家族の状況についても一緒に理解を深める作業をすることになる。また，訪問する家のだいたいの見取り図を描いて，ヴィジュアル的に訪問した際の家の様子もできるだけ詳しく伝えるようにしている。このことは，若いスタッフを派遣する時に，スタッフの緊張を和らげることに役立つ一工夫である。それから，その家庭の雰囲気を伝えて，訪問時の服装などの検討も一緒に行う。家庭の雰囲気を伝えると，クライエントと関わるための助けとなるような何かちょっとした小道具を持っていく必要がある場合にも見当を

表３　訪問カウンセリングにおける見立てのポイント

観点（５Ｗ１Ｈ）	訪問カウンセリングの場合の見立て
目的は何か？ （Why）	そのケースが訪問カウンセリングに適するかどうかを見極めること。
何を行うのか？ （What）	以下をアセスメントする。 ・精神病の有無※ ・発達障碍の有無※ ・精神病の場合，病理の重さ ※不登校・ひきこもりのケースではとくに大事
いつ行うのか？ （When）	初回の訪問時に，訪問したセラピストが，訪問先においてアセスメントを行う。
誰が行うのか？ （Who）	
どこで行うのか？ （Where）	
いかにして行うのか？ （How）	心理検査の実施は馴染まないことが多い。面接によるアセスメントが基本となる。

見立てのポイント
・家族が訪問を希望した場合，クライエント自身はカウンセリングを望んでいないこともよくある（だからと言って，訪問カウンセリングに適さないとは言いきれない）。 ・クライエントによる家族への理不尽な要求や振り回し，家庭内暴力がある場合は，訪問が困難。
・自殺念慮や自傷他害の危険性の有無に関しては早急なアセスメントが必要。 ・病院や療育施設に繋ぐほうが適切な場合は，施設を紹介して終わりとはせず，それらの施設に繋がれるようにサポートする活動を行う。 ・クライエントに関わる上で家族の中の誰がキーパーソンかを見極めることも重要。
・初回訪問は経験を積んだセラピストが行う。 ・クライエントとその家族が暮らす場に入り込むことの利点をアセスメントに生かすことが求められる。 ・情報の洪水の中から重要なものをすくい上げる力量が必要。
・クライエント本人が面接を拒否している場合は，家族との面接によってアセスメントを行う。 ・訪問先の雰囲気や状態（掃除ができているかどうかなど），面接に同席する家族の発言や振る舞い，同席しない家族の気配，ペットの様子なども，アセスメントを行う上で重要な情報となる。 ・初回訪問者がクライエントや家族に受け入れてもらえなければ，訪問カウンセリングはスタートできない。

つけやすくなる。

アセスメントやクライエントに関する仮説を一緒に検討しても，若いスタッフの緊張はそう簡単にはとれるものではない。いざその訪問の時ともなれば，事前スーパーヴィジョンでのことなど頭から飛んでしまうことがほとんどであろう。しかし，だからしなくてよいということではなく，実際の訪問の中で困ったことが起きた時，事前スーパーヴィジョンはかなりの効果を発揮することになる。このように，事前スーパーヴィジョンではいろいろなことを考えているのだが，忘れてはいけないポイントとして，常識的に良識を持って人様のお宅にお邪魔するということだけは，訪問直前に思い出してもらうようにしている。常識という範疇に入ることではあるが，もう1つ重要なこととして，クライエントが自室にいる時など，クライエント本人が招き入れない限り，クライエントの部屋に入らないという礼儀ある振る舞いをするよう強調している。これは，田嶌（2002）が，「〈行く〉と宣言する押しつけがましさと，しかし本人の部屋に踏み込まないという節度とが共存しているとかんがえられる」と例を出しながら提唱する「節度ある押しつけがましさ」と共通する感覚があるだろう。

訪問先でお茶やお菓子が出された時には，状況に応じて常識的に対応するよう指示しているが，場面場面で対応に困る時には，訪問終了後のスーパーヴィジョンで具体的に検討することにしている。

若いスタッフは，毎回の訪問の後に個人スーパーヴィジョンを受ける決まりになっている。そして，その時には訪問スタッフにはできる限りの逐語録を持参してもらい，ケースの理解とスタッフの成長促進の両方の機能を兼ね備えるものと位置づけている。お互いの時間調整によって，スーパーヴィジョンが訪問から数日間があく時には，緊急対応の有無に関しては訪問から時間をおかずに連絡をもらうことになっている。訪問カウンセリングがクライエントにとって役に立つことが優先ではあるが，スタッフの安全と学びの要素も大切にしている。

訪問カウンセリングの特徴として挙げたように，クライエント本人だけとの関わりでは済まないので，スタッフは家族力動を含めたさまざまな視点からケースを理解する力が鍛えられることになる。また，実際に家族への対応も皆無では済まされない現実があるので，多角的，多重的な対応力が自ずと身につくようになる。

最も重要なこととしては，クライエントの安全と安心感の確保，家族の安全と安心感の確保，そして訪問スタッフの安全を確保することがある。いずれの場合でも安全が脅かされるような事態は，緊急対応の可能性が高いことから，急ぎ報告するよう教育を徹底している。

（3）訪問スタッフへのスーパーヴィジョンとケース理解

訪問決定後の事前スーパーヴィジョンに始まり，毎回の訪問後に設定される個人スーパーヴィジョンは，ケース理解を深める上でも重要な役割を果たしている。また，ケースの進展に必要であると判断された場合には，スーパーヴァイザーが家族へのサポートを別途行うよう治療構造を変更して対応している。とくに，若いスタッフが訪問している時，家族から不安をぶつけられることに耐えられなくなり，訪問カウンセリングの継続そのものが危ぶまれるようになることもある。スーパーヴィジョンの中で，家族の不安を理解し，同時に親へのサポートが別途用意されることで，スタッフの精神的な負担は軽減し，クライエント本人との関わりに集中することができるようになる。

また，当カウンセリングルームが開設した頃は，まだ臨床心理学研究科以外の修了生が多く，現実的にケースを持ちながらの個人スーパーヴィジョンを受けた体験を持たない若いスタッフが大勢いたことも，このスーパーヴィジョンシステムを作る際の大きな動機となった。現在は日本臨床心理士資格認定協会の指定を受けた臨床心理士養成大学院を修了することが臨床心理士試験の受験に必須となっているので，臨床心理士を目指している者にとって実習等の機会は格段に多くなっている。しかし，現在においても，ほとんどのスタッフが訪問カウンセリングという構造は初めての体験であることに変わりはない。ボランティア等での訪問を行ったことはあっても，契約に則った，整った治療構造の中での訪問カウンセリングというものの体験は，ほとんどの人が皆無であると言ってよいであろう。

訪問カウンセリングという治療構造の場合にはきめ細かな構造構築の対応が必要であり，時には家庭教師という名目で赴かなければならないこともある。第2部で紹介するケース2がそのような事例であった。このケースは他のどのケースよりも家庭の崩壊が進んでいた。家庭内暴力もあり，話し合いを持つには母親はあまりに疲れすぎていた。母親は時に息子を捨てたくなるほどの絶望感に打ちのめされながら，何とか息子を抱え続けていた。このような状況下において，さまざまな条件のすり合わせから，ぎりぎりのところで家庭教師という名目での訪問開始を決めたのである。ケース報告者が述べているように，このことは訪問スタッフの不全感を作り出す一因ともなった。このケースでは，後半になって，訪問スタッフからクライエントに訪問の目的が伝えられたが，おそらくクライエントは訪問スタッフの役割に関してすでに理解していたのであろうと筆者は考えている。訪問開始時に微妙な名称選択を行わなければならないケースというのは，やはり相当に難しいケースであるということである。

同じ第２部のケース３は，もともと訪問スタッフが別のルートから紹介されてメンタルフレンド的な関わりを続けてきていたのを，途中からカウンセリングルームからの派遣という形に変更した事例である。このことは，クライエントにとってもスタッフにとっても，かなり大きな治療構造の変化をもたらしたと考えられる。訪問スタッフ自身も書いている通り，訪問者側の専門的学びが構造の変更をもたらす強い要因になっていた。そして，訪問スタッフはクライエントとその家族と時間をかけて話し合い，この大きな変化について合意を得ていた。このような経過を持っていたにも関わらず，治療構造の大きな変更はクライエントにとってもセラピストにとっても大きな障害となり，そこをともに乗り越えるという共同作業を通して進んで行くことになった。14 年という長きにわたった訪問カウンセリングの過程で，訪問スタッフはクライエントとの間にもスーパーヴァイザーとの間にも大きな転移を経験し，それこそもがくように成長を続けた。そして，このもがきながらのセラピストの成長こそが，クライエントがセラピストに続いて成長する際の力になったのだと思う。北山（2009）は「たとえば，病める患者が治療にやってきて，まず治療者自身が同様に病んでしまい，次いでこの治療者が何か洞察して『治る』ことを通して患者が治るという物語展開がある」と述べている。これは，精神分析の定番として説明されているが，この治療論はケース３を理解する上でも重要な拠り所になると考えられる。このケース報告では，専門家になることの苦悩とそこから解放されて一人の治療者になっていく経過が分かりやすく書かれており，大学院生や修了間もない初学者の方々にはとくに共感しやすく学べることも多いのではないかと思う。

このように，ケースとは，何らかの共通項を持ちながらも，やはり1つとして同じものはないということであろう。河合（1992）も，一人ひとりのクライエントはいつも「処女峰である」と述べている。個人スーパーヴィジョンにおいては，面接室で行われる基本的な面接と同じ問題や経過を捉え，さらに訪問カウンセリングという特殊性から起きてきている問題や経過について検討し，クライエントあるいは家族の独自性からくる問題や経過も見逃さないようケース理解を深めていくことになる。当然，スーパーヴィジョンの過程において，訪問スタッフ個人の問題も浮かび上がり，その成長の跡もみることができる。スーパーヴィジョンの中で上記のどこに重きを置くかということは，若いスタッフの教育という大きな目標の中で柔軟に選択されてよいと筆者は考えている。

3．クライエントおよび家族に対する支援

（1）クライエントに対するサポート

訪問カウンセリングの対象者の項で分けたように，不登校・ひきこもりという精神的な面でカウンセリングルームに来られない人々と，高齢者・その他という身体的・時間的な面でカウンセリングルームに来られない人々とでは，配慮する点が多少異なってくる。さらに学齢期にある不登校という事象と年齢の上がったひきこもりという事象も分けて考えなければならない。まず，不登校という事象に焦点を当ててみようと思う。

村瀬（1979）は，治療者的家庭教師の役割という視点から，未成年者の心理療法において考慮すべき特徴的な条件として以下の3つを挙げている。

①発達課題の理解に努め，発達を妨げる条件の克服と課題解

決を助けること

②学校教育，家庭学習との連携を配慮すること

③地域社会との交流の援助促進

福盛・村山（1993）は，同様に家庭教師的治療者という視点から，「特に慢性化した不登校児の場合，クライエントのニーズに合わせた対応をする場合には，一般に言われている心理面接に加え，現実の学習面の指導，社会的スキルの学習援助などを訪問面接者に期待することが多いようであることが示唆された」と述べている。同時に問題点もまとめており，家族担当のセラピストと並行で親面接，家族面接を行うほうが効果的であると指摘している。また，治療的な枠組みについても，治療者側が時間，料金を含めて，しっかりした治療枠を持っている必要性について言及している。

村瀬や福盛らの指摘するように，社会に出た時に生きていくために必要な力をつけるための援助は同時に行う必要があるだろう。そのためには，知識の習得にとどまらず対人関係を作り維持するための力をつけることも欠かせないポイントである。しかし，同時に繭の中で成長が続いているという感覚も持ち合わせていることが必要である。親鳥が卵を温めながら，時に卵を動かしてまた温め始めるように，適度な刺激と見守りの見極めが肝心なのである。そして，この間，親の不安もクライエントには大きな影響を与えるので，福盛らの指摘する家族面接はクライエントを守るために重要な役割を果たすことになる。また，両論文でも取り上げられている，治療者的役割と家庭教師的役割については，その二重性をうまく活用していくことでクライエントの抵抗軽減と関係性構築に寄与すると考えられる。

年齢層が広いひきこもりという事象については，竹中（2013）が「同意ルール」という視点から論じているように，クライエ

ント自身の安全な領域に侵入するという点への配慮が必要となる。クライエントの年齢が上がることに伴う親の高齢化も状況悪化に拍車をかけているので，福祉領域との連携が欠かせない場合もあるが，クライエントの内界の変化を保障するスタンスを守ることは心理臨床家の重要な務めである。

身体的・時間的な理由でカウンセリングルームに来られない事例に関しては，面接場所が面接室外であっても，できるだけ面接室でのカウンセリングに近い構造を設定するようにしている。おおむね，自宅への訪問の場合には，同じ部屋，同じ椅子という設定は自然な流れであろう。また，時間をかけることによって，状況の変化やさまざまな工夫が重なり，クライエントを面接室来室へと促せることもあるので，面接室との繋がりを滑らかにするうえでも治療構造の設定には心を砕く必要がある。

（２）家族に対するサポート

クライエントが未成年である場合には，面接室でのカウンセリングにも家族が登場することは少なくない。訪問カウンセリングの場合には，訪問者が家族の不安と期待を向けられる量はさらに増大するように思う。

家族の不安を軽減するよう家族に対してサポートすることは，クライエントがじっくり自分の課題に取り組むためにも大切な要因であるが，何より面接継続そのものに大きく関わることなのだということは肝に銘じなければならない。第２部で紹介するケース４は，出版に向けての準備段階で母親から当時の気持ちを聞かせていただく貴重な機会が得られたものである。クライエントの父親は亡くなっていたため，母親が精神的にも経済的にも必死だったことが分かる。訪問していた当時もそれなりの理解はしていたが，振り返っての言葉をいただけたことで，これからの臨床にさらに生かすことを改めて決意させられた。

家族の不安を軽減するための一番の近道はクライエントの顕著な変化であるが，それを第一目的として臨むことはクライエントを支えるという意味からは大変な危険を伴う可能性がある。そこで，家族にクライエントの今の状況の意味の説明をすることが1つの支えになる。さらに，クライエントにとって，家族の助けがどのようなものであるかを一緒に考えるならば，家族の不安を建設的な協力へと変換することができる。訪問カウンセリングの費用を賄っているのは家族なのだから，このことが当然，面接継続を安定化させることに繋がっていく。

子どもが不登校やひきこもりになったことで，大きな挫折感と罪悪感を抱えている家族は多く，家族自体が社会からひきこもり，孤独な状態に陥っていることも珍しくない。まずは，家庭の風通しを良くし，問題発生に関する罪悪感ではなく，問題に向き合っていく勇気ある親という自己認知を獲得していただくことが重要なことだと考えている。家族との面接を持てる時にはそこで支え，持てないケースあるいは持てない時のサポートは，短時間ではあっても家族に対して折あるごとにこまごまと対応することが必要であり，このことをどのように治療構造の中に収めていくかということは大きな課題となっている。

（3）家族関係の調整

実際に訪問に伺うと，実はお互い大切な相手であるがゆえに関係がこじれているということに直面することがある。身近な存在であるため，お互いの甘えも関与して，意外なほど言葉で思いや考えを伝えていない家族が多い。そして，分かってほしい，分かってくれるはずという思いが少しずつずれて，家族員だけでは関係修復が図れなくなっていることもある。その時のそれぞれの家族成員の不安や絶望感はとても大きなものになっている。

現在は，核家族化が進み，さらに家族形態そのものも多様化し，時には大きく崩壊している。そのことは，親子の関係の変化にとどまらず，祖父母という上の世代との関係や，おじやおばという斜めの関係性を失うことが増えることにもなった。拡大家族の持っていた一人ひとりを支え育てる力の低下は，もはや疑う余地をもたない。たとえ，これらの資源を持っていたとしても近くにいないことも多く，力を借りられないことは多いように思う。とはいえ，地域の互いを支える力も微力であり，同居家族との関係性がこじれてしまった場合の自然な介入機能はほとんど望めないであろう。

訪問者は適切な第三者となり得る可能性を有しており，訪問カウンセリングは家族関係の調整のチャンスとしても大いに期待できるものである。

文　献

福盛英明・村山正治（1993）不登校の訪問面接事例からの一考察―「家庭教師的治療者」という視点から.
河合隼雄（1992）心理療法序説．岩波書店.
北山修（2009）覆いをとること・つくること―〈わたし〉の治療報告と「その後」．岩崎学術出版社.
中井久夫（1995）家族の深淵．みすず書房.
村瀬嘉代子（1979）児童の心理療法における治療者的家庭教師の役割について．大正大学カウンセリング研究所紀要，2; 18-30.
田嶌誠一（2002）節度ある押しつけがましさ / 健全なあきらめ / 体験様式，つきあい方，悩み方．臨床心理学，2(6); 822-824.
竹中哲夫（2013）ひきこもり支援における家庭訪問（アウトリーチ支援）の方法論―「同意ルール」についての一考察．福祉研究，(105), 27-39.

第２部　実践編

第2部では，筆者が運営するE·R·Iカウンセリングルームで，どのように訪問カウンセリングを実践してきたかを，事例報告の形式で紹介する。

「Ⅳ　E·R·Iカウンセリングルームの構造」では，どのような手順・環境の下で訪問を行うか，また，訪問スタッフにどのような支援を与えるか，を中心に，私たちが実践してきた訪問カウンセリングの構造を説明する。

「Ⅴ～Ⅷ　ケースから学ぶ」では，E·R·Iカウンセリングルームが手がけた訪問カウンセリングの事例の中から，８つのケースを取り上げて報告する。

８ケースの内５ケースは，不登校のクライエントへの訪問を行った事例である。若いスタッフが年齢の近いクライエントを訪問するという点は共通しているが，クライエントの状態やケースの進行過程はケース毎に大きく異なっている。

残りの３ケースは，不登校以外の理由で訪問を行った事例である。治療構造の点で問題を含んでいたり，治療継続が困難であったりしたケース群を選んで報告している。

８つの事例報告を通して，訪問カウンセリングが持つ可能性と困難性の両面を汲み取っていただきたい。

Ⅳ E・R・I カウンセリングルームの構造

昨今，臨床心理士による個人開業も増えてきた。「私設」，「民間」という立ち位置で仕事をしているということになるであろう。E・R・I カウンセリングルームも同様である。日本臨床心理士会という職能団体に属してはいても，個人としての守られなさや権限のなさという立ち位置で臨床を行っていることに変わりはない。しかし，このような状態が過酷かというとそうとも言えないのである。国家資格ではない臨床心理士が「民間」という立場で仕事をすることは，心もとなさを伴う代わりに，自由な対応や迅速な対応が提供できる利点もある。竹中（2013）は，「法的な権限を有しない民間支援団体では，④の場合を中心的訪問条件とすることが望ましい」と述べている。この論文では，保健・福祉分野の専門機関における思春期のひきこもり事例に対する訪問支援が必要となるタイミングとして４つの場合を挙げており，④は，「家族や関係機関との相談を継続していく中で，支援者が訪問することを当事者が納得する，あるいは希望するとき」とされている。E・R・I カウンセリングルームでも，竹中の考えに賛成であり，基本的にはそのように取り組んできている。さらに，基本姿勢を大切にしながらも，それぞれのケースに応じたぎりぎりの対応を続けているのが現状である。権限のない分，クライエントとの，あるいはその家族との信頼関係だけに支えられている関係性と言うことができる。「民間」という利点があるとすれば，クライエントとの対等な協同関係の構築が容易だということかもしれない。そこには，丸腰の人と人とが，いっしょに問題解決に向かうという契約に基づいた本来のサイコセラピーの姿があると思う。

1．E･R･Iカウンセリングルームの概要

E･R･Iカウンセリングルームは2001年の夏から開設準備を行い，その年の10月1日に業務を開始した。訪問カウンセリングを中心業務とし，一部屋のオフィスで始めた。当初，訪問先のクライエントの安全を守ることはもちろん，派遣するスタッフの安全ということにも神経を使わなければならないと考えていた。スタッフの安全ということに関しては，身の安全の他に，クライエントやクライエントの家族のさまざまな誘惑から守るということも含まれている。このことに関しては，あとで述べたい。とにかく，これまで経験したことのない得体のしれない怖さを感じていた。新しいことへの挑戦とは，いつも不安と期待に満ちているということを再確認した時であった。

そのような思いもあって，開設にあたり，弁護士との相談を行った。そこで，念のため，訪問先家庭との契約書およびスタッフとの契約書を作成することにした。当初は，この契約書を実際に交わしたこともあった。次第に，カウンセリングというものと硬い表現の並ぶ契約書というものがやはりあまり馴染まないという感覚が強くなり，現在はほとんど使用していない。しかし，契約書という形式や文言の書面ではない取り交わしはあってもいいと考えている。このような経過をたどってはいる

が，この契約書を作ったことは，当初，開設者としての私の精神安定にはかなり効果があったことは確かである。実際にあまり使わなくなった今でも，訪問カウンセリングを行う際のゆるぎない一本の筋になっている感覚はあり，拠り所の1つになっている。

訪問の始まりは，開設時から，ほとんどの場合はクライエントあるいはその家族からの電話である。基本的には留守番電話に録音してもらい，こちらからかけなおすことになる。その時に簡単な内容を聴くこともある。そして，最初は経験の豊富な臨床心理士が訪問し，病院へのリファーの必要性や病態像，訪問カウンセリング実施の可能性などをアセスメントする。そこで，訪問カウンセリングが可能と判断された場合には，スタッフの選定と訪問の日程調整に移る。それ以後は，基本的にはスタッフが訪問を続ける。スタッフは毎回の訪問面接について即日の報告を義務づけられている。また，緊急な対応が必要な場合には，すぐに責任者に連絡することになっている。後日，スタッフは報告書に基づいた個別スーパーヴィジョンを受ける。ケースによっては，クライエントの家族への対応を求められることがあり，そのような場合にはベテランの臨床心理士が別途対応することにしている。

予約の変更などの連絡が必要になる場合もあるが，基本的にはスタッフ個人の携帯電話を教えることはせず，E·R·I カウンセリングルームを通して行う決まりになっている。ただし，クライエントの状態によって，スタッフの安全性が侵害されないと判断された場合には，携帯電話の情報を伝えることがあるが，時間変更や急なキャンセルの連絡に限るというルールを徹底させている。カウンセリングルームでスタッフ用にいくつかの携帯電話を所有できれば理想的であるが，経費との折り合いという側面からはかなり難しい現状がある。

訪問カウンセリングの料金の支払いに関しては月単位で，E•R•I カウンセリングルームから請求書を送付して，振り込みをしていただく方式をとっている。振り込みの確認後，E•R•I カウンセリングルームから領収証を送付している。この２回の郵便物の送付の際には，短い手紙を同封している。これも，家族にとっては，安心感に繋がり，ちょっとしたこころの支えになる大切な治療構造の１つになっている。

家族への対応が別途必要になる場合には，ベテランの臨床心理士が別枠で訪問するか，家族がカウンセリングルームに来室することになる。この際には，クライエント本人との関係性が壊れない配慮をすることは当然のことであろう。基本的に，家族が別途面接の時間を持つことは，クライエントにも報告をする。このことにクライエントが反発することはほとんどない。むしろ，家族にもサポートが必要だと感じているクライエントが多いようである。

E•R•I カウンセリングルームは広く広報はしていないため，多くのケースは知り合いのドクターからの紹介である。時に，広告（カトリック新聞掲載）を見てという電話もあるが，パンフレットの送付から実際に相談に繋がる比率は高くない。また，終結したクライエントから紹介されたという方が連絡をしてくることもある。最近は，精神科のドクター以外にも，他科の病院やクリニックからの紹介が増えてきた。これは，地域との繋がりが徐々に広がってきて実現してきたことである。開設から 10 余年，E•R•I カウンセリングルームもまた，クライエントと同じ成長のプロセスをたどってきていると言えよう。

2．訪問カウンセリングまでの流れ

（1）受付から初回訪問まで

紹介を受けたクライエントであれ，広告を見て申込んできたクライエントであれ，最初はE•R•Iカウンセリングルームの留守番電話に連絡先を吹き込んでもらうことから始まる。時には，留守番電話ではなくファックスを送ってこられることもある。専属の受付スタッフを雇うことは難しい現状があるので，申込み方法としては現時点ではこの方法を採用せざるを得ない。しかし，留守番電話やファックスでの申込みには欠点もあり，苦労している現状がある。留守番電話の場合，連絡先として電話番号を明確に吹き込んでほしいのだが，肝心な電話番号が不鮮明に残されていることもたまにはある。申込みをして来られる方は，問題を抱え困っている状況なので，余裕がなく慌てて電話番号を早口で録音してしまうことがあるようだ。あるいは，気分が落ち込んでいる場合もあるので，声がとても小さかったり，番号のいくつかが聞き取れないこともある。ファックスの場合でも，裏側の白い部分を送信されたり送信内容が不鮮明であったりということがある。このような場合に，送信者が気づいて再度連絡をくださることもある。このような時にはホッと胸をなでおろすことになる。

では，メールでの申込みにすればよいかというと，それも現時点では採用したいとは思わない。メールも届かない場合はあるが，それだけの理由ではない。留守番電話であっても声が聞けることは，メールとは違ったメッセージを受け取ることができるからである。たとえファックスであっても，そこには多くの場合手書きの文字が書かれているので，やはりメールでの申込みよりは生の情報が伝わってくる。

いずれにしても，完全ということはないようで，これまでの10数年の間に，パンフレットの送付を希望されていながら送れていないケースも1～2はある。こちらからも何度か住所を知らせてくださるよう連絡をしても，住所ではなく電話番号を再度吹き込んであったりなど，どうしても連絡がつかないということがあった。やむなく，送付できないままになっている心痛むケースである。

留守番電話に連絡先が吹き込まれていた場合，こちらから連絡を折り返すことになる。できるだけ，あまり間があかないように心がけてはいるが，ケースが続いていたり出張があったりすると数日後の折り返しになることもある。先ほど述べたような，留守番電話に吹き込まれた番号が不鮮明だった場合には，ちょっと面倒な操作をしながら着信番号を調べるなど手間がかかることもあり，やはり折り返しの連絡に時間を要することになる。人件費もかけられないので，ぎりぎりの努力はしているのだが，それでも，かけなおした時に時間のかかったことを責める人や，あるいは突然電話をしてきたと怒りを露わにする人もいる。このような人は稀ではあるが，このやりとりからもある程度のアセスメントは可能である。

受付ひとつとっても完璧なシステムというものはなかなか難しいが，完璧ではないがゆえにその隙間から垣間見える相手の状況や個性というものがあるのかもしれない。しかし，受付時に，身に覚えのない恨みをかったり，攻撃の的にされたりすることもある。大半は，きちんと連絡がついて初回面接の予約へと向かうのであるが，数は少なくとも，このようなイレギュラーな成り行きになるものがあるということは心しておかなければならない。

さて，こちらからの折り返しの連絡で初回面接の約束へと進む場合には，日時の調整と最寄り駅からの道順を簡単に伺い，当日はご家族にもお宅にいてもらうよう伝えて訪問の予約成立となる。この際，簡単に現状を伺うことはあるが，あまり長く電話で話はしないようにしている。実際に，カウンセリング業務の合間に連絡をすることになるので，物理的にそのような時間をとることができないということもあるが，やはり，最初はお目にかかってきちんとアセスメントすることが大切だと思う。明らかに，当カウンセリングルームの範疇を超えている相談内容である場合には，お断りすることもある。あるいは，まずご家族との面談を持って，他の機関を紹介することもある。

（2）スタッフの選定と2回目以降

初回訪問をして，当カウンセリングルームでの訪問カウンセリング継続が適当と判断され，本人や家族も希望する場合には，2回目以降の訪問者について検討することになる。初回訪問者が継続することもあるが，クライエントが不登校児童・生徒である場合には，若いスタッフの訪問へと切り替えることが多い。派遣可能なスタッフの中から性別や性格を考えて選定し，クライエントと家族に説明する。

そして，スタッフの決定とともに，訪問カウンセリングの契約を書面あるいは口頭にて行い，さらに，いくつかの取り決めについて確認し，初回訪問を終わることになる。

（3）スタッフの安全

クライエントとの関係性の中での安全を保つためには，最初の訪問はベテランの臨床心理士が担当し，衝動性や病態等を含めたアセスメントをしっかり行うということが重要なポイントである。また，原則として訪問先でクライエントとスタッフが二人きりにならないよう，家族が家に居ることを訪問継続の条件としている。

スタッフの安全ということでは，身の安全という大前提の他に，さらに配慮しておかなければならないことがある。それは，E•R•I カウンセリングルームの派遣に関する治療構造を破壊されることへの対策である。たとえば，E•R•I カウンセリングルームを通さずに直接クライエントがスタッフと契約をしようと持ちかけるということも起こる可能性はあるであろう。クライエント側からすると，スタッフと直接交渉することで高い訪問料金を引き下げようとしたり，スタッフの連絡先を知ってもっと頻繁に対応してもらおうという考えが持ち上がってくることは予想されることである。そのような時に若いスタッフが，クライエントやその家族に認められたという感覚を覚え，その期待に添いたいという気持ちになることがあっても不思議ではない。スタッフはE•R•I カウンセリングルームを通して派遣される場合，スーパーヴィジョンの料金分が差し引かれているので，クライエントから多少安い料金の呈示があったとしても，現在よりたくさんの報酬を得られることになるという現実もある。これも誘惑の１つであろう。

スタッフには，事前にE•R•I カウンセリングルームの治療構造とその意味について説明を行っている。また，そのことで，クライエントも守りスタッフ自身も守られるのだということを十分理解してもらった上で契約を結ぶことにしている。そして，スタッフとの契約書の中には，上記のような点も含まれており，スタッフが治療構造を破壊した場合のペナルティも盛り込まれている。しかし，E•R•I カウンセリングルームとスタッフとの契約においては，スタッフとの信頼関係の構築とスタッフの成長を見守ることが大前提なので，スタッフとの信頼関係は厚く，これまで，スタッフが治療構造を壊したという事例はない。若いスタッフは，ここで治療構造を学び，契約という厳しい現実を体験し，臨床心理士として大きな学びを深めている。そのことが，その後のさまざまな臨床の場において，さらなる工夫を加えつつも基本として根付いていることは喜ばしい成果と考えている。

3．E·R·I カウンセリングルームの治療構造

（1）訪問カウンセリングの治療構造

先にも述べたように，不登校を対象とした訪問という発案から始まったので，ベテランの臨床心理士の見立てのもとで若いスタッフの訪問が始まるという構造がベースにある。同時に，若いスタッフへの手厚いサポート体制を充実するという考えが根底にあった。緊急対応の必要性に関するサポートや毎回のスーパーヴィジョン体制もそれが具現化されたものである。基本的に，クライエントとの連絡は E·R·I カウンセリングルームがすべて窓口となるということもその１つである。家族の面接が別途設定される場合には，同様に訪問形式にするか，面接室への来室形式にするかは，ケースバイケースで決めている。ただし，訪問と来室での料金の違いは当然あるので，このことも治療の促進に活用できることはある。まさしく治療構造の活用であろう。

家族への支援が必要になるケースや，不登校以外の訪問カウンセリングに関しては，ベテランの臨床心理士が対応することが多く，治療構造を守りながらも柔軟な運用をすることを心がけている。ベテランの臨床心理士が訪問する場合には，基本的にはスーパーヴィジョンの義務づけはない。したがって，受け取る報酬も高くなる。E·R·I カウンセリングルームとしては，ケ

ースの進捗状況の報告は受けるが，問題なく進展しているかどうかという確認に留めている。もちろん，ベテランの臨床心理士であっても，スーパーヴィジョンを希望する場合には，そのシステムは整っている。

訪問日時は，基本的には同じ曜日の同じ時刻に設定することを提案している。訪問カウンセリングの治療構造は来室形式の面接構造と比較して脆弱になりがちなので，曜日や開始時刻を固定する設定は，訪問カウンセリングの継続を支える外枠として重要な要素の１つである。また，訪問カウンセリングの面接時間は，基本60分としている。ほとんどの場合には延長はないが，どうしても延長となった場合には，10分単位で追加料金を加算する取り決めになっている。毎回，訪問スタッフは訪問面接の終了時に「訪問カウンセリング時間確認票」にサインをもらうことになっている。サインは，クライエント本人が記入する場合もあれば，家族が記入する場合もある。訪問スタッフはスーパーヴィジョンの際にこの確認票も提出することになっている。この確認票をもとに請求書を作成しクライエント宅に郵送することになっており，請求書と領収書と，つまり月に２回の郵便がクライエント宅に届くことも広義の治療構造となっている。若いスタッフが訪問する不登校・ひきこもりのケースの場合には，この２回のカウンセリングルームからの送付物に添えられる一筆によって家族が支えられるが，この効果は想像以上に大きいのである。訪問スタッフによって支えられているクライエントと家族が，さまざまな外枠によっても支えられていることを意識できる一工夫がたくさん絡み合い，訪問カウンセリングという脆弱な形態を守っているのである。

訪問カウンセリングの形態から開始となった場合でも，家族がカウンセリングルームに来室して相談をする，あるいはクライエント自身も訪問から来室へと形態を変えるということはあり，治療の流れにプラスになるのであれば柔軟に対応している。

料金設定自体も治療構造としては重要な要素であるが，さらにキャンセル料の設定も同様に大切な働きをしてくれる。E･R･I カウンセリングルームでは，キャンセル料は来室，訪問の形態にかかわらず「前々々日の17時以降のキャンセルは全額キャンセル料としていただく」という約束になっている。カウンセリングルームの経営が成り立たなくなることは，クライエントにとって最も無責任な事態を引き起こしてしまうので，カウンセリングルームの存続という現実的な判断は避けては通れない。こころを扱いながらお金のことも考えるという，この二重性をセラピストが生き抜くことこそが，クライエントが自分のこころと現実と両方を生き抜くことを促進するのかもしれない。ここにも，サイコセラピーの重要な要素が内在している。

（2）E･R･I カウンセリングルームの構造の拡大（企業との契約）

E･R･I カウンセリングルームの訪問事業は，不登校への対応から始まったが，子育て中の母親，高齢者，病人を抱えていたり家族の介護をしている方などのニーズもあることが分かった。1時間程度なら誰かに頼めるが，カウンセリングルームへの往復の時間を捻出することは難しいということが大きな理由であった。あるいは，高齢者の場合には，なかなかスムーズに外出ができないが，来てもらえるのならば相談したいことはあるという身体的な事情によるところも大きかった。

事例に登場するが，自宅で家族を介護しているような場合には，自宅に訪問できない場合があり，クライエントが望む場所で面接するという状況も発生した。いつも，どのような臨床の場であっても，クライエントのニーズがさまざまな治療構造を発展させるのだということを，改めて実感した。しかし，この際には，あくまでもクライエントと治療者双方を守れるのかという構造への熟考は厳守しなければならないと肝に銘じている。

また，ターミナルケアにかかわる依頼も来るようになった。病院や施設を訪問する際にはその施設の構造にどのように参加させていただくかというハードルがあるが，本人，家族双方への関わりの必要性は高いと思う。自宅での最期を希望するクライエントや家族から依頼がくることがあるが，時間がなく実際の訪問が間に合わないということもある。また，間に合ったとしても，その場面からの関わりは大変難しいのが現状である。多くの場合，看取ったあとの家族との関わりやサポートという対応が残された仕事になる。

当初は，個人あるいは家族への対応であったが，企業のメンタルヘルスということで企業との契約も手がけるようになった。職務内容としては，企業の従業員へのメンタルヘルスを請け負うことが多い。この際には，EAP（Employee Assistance Program：従業員支援プログラム）のような機能を期待されることもあるが，企業の規模や業務内容によっては，退職者を増やさないための日々のサポートの一端を担うことを期待される場合もある。つまり，かなり直接的に従業員と関わり，相談業務を行うことを求められる。この場合には，法人との契約を結ぶことになり，具体的な契約内容には，相談業務の記録の取り扱いから雇用者への報告方法およびその内容等細かな取り決めを行わなければならない。契約時のみならず，雇用者とも定期的にコミュニケーションを図り，信頼関係を構築する必要があることは言うまでもないことである。

4．訪問スタッフおよび訪問家庭との契約

E•R•I カウンセリングルーム開設時に，「訪問スタッフとカウンセリングルームとの間で交わす契約書」および「訪問先家庭とカウンセリングルームとの間で交わす契約書」を弁護士に作成してもらった。かなりきちんとしたものである。言い換えるならば日常生活の中では馴染まない文言で書かれていた。開設当時の筆者の不安や防衛を考えるならば了解できるものであり，当初はやはり必要であったのだと思う。カウンセリングも非日常的なものではあるが，そこでは日常的な感覚を持っていることも大切なのである。このようなわけで，最初に作った契約書は，臨床場面に馴染まなかったと考えられる。

しかし，カウンセリングやサイコセラピーもある種の契約には違いないので，基本的には書面での取り決めや同意の確認は必要であると考えている。日本人には契約という感覚は本来は馴染まないものかもしれないが，時代の変化によって書面で同意を求められる場面は増えているであろう。現在，E•R•I カウンセリングルームでは，開設当時作成した契約書はクライエントとの間ではほとんど用いていない。その代わり，日常用語を用いた文面の取り決めや同意書を用いている。ただし，臨床家としての勘から従来の契約書を交わしたほうがいいと判断する場合もある。この臨床家の勘とは，単に防衛的な意味合いというわけではなく，この契約書を交わすことによって，クライエント本人も家族も，自分たちが抱えている問題に取り組むのだという決意を新たにするという意味があると直感する時である。このように，問題解決に向けて取り組む契機として役立つ場合もある。日常に馴染まない文言の契約書がこのように役に立つということは，やはりそのクライエントの抱えている問題が大

きく，非日常的な空間と関係性を治療に求めなければならないということである。つまり，難しいケースということになろうか。

現在，この同意書に関してはかなり柔軟に対応している。それぞれのケースにおいては治療構造は適切に構築することを目指しているが，ケースバイケースで治療構造は画一ではないので，カウンセリングルームとしては柔軟に対応しているということになる。したがって，口頭で訪問カウンセリングに関する約束事についての了解がスムーズに進む場合には，あえて同意書へのサインを求めないこともある。E･R･I カウンセリングルームとしては，同意書の扱いについては，もう少し時間をかけて方向を決めていきたいと考えている。

同意書に関してはこのように流動的な過渡期であるが，契約書を交わすかどうかということ以上に，訪問カウンセリングの取り決めに関して同意が得られるかどうかということが，当然ながら訪問カウンセリングを引き受けられるか否かの重要な判断材料となるのである。

5．スーパーヴィジョンの実施

E･R･I カウンセリングルームにおいてスーパーヴィジョンを義務付けているのは，不登校・ひきこもり事例に対して若いスタッフが訪問をする場合だけである。クライエントが小学生から大学生くらいということもあり，できるだけ年齢の近いお兄さん・お姉さんのようなスタッフを派遣する。必然的に経験の浅いスタッフとなるため，毎回の訪問について面接内容を詳細に報告してもらいスーパーヴィジョンを行っている。一般的なスーパーヴィジョンと同様に，1回50分の個人スーパーヴィジョンの形式をとっており，できる限りの逐語記録の準備を求めている。一般的なスーパーヴィジョンとの違いは，ケースへの緊急対応があることであろうか。その一環として，スーパーヴィジョンの日程が早められるということがある。もう一点，緊急事態が発生したり，家族への対応が必要になった場合に，スーパーヴァイザーがケースに直接関わる可能性があるということである。この点は，臨床心理士養成大学院における実習でのスーパーヴィジョンに似ている。

スーパーヴィジョンでは，ケースの進み具合を把握したり，何かまずいことが起きていないかという確認を行うことが目的の１つである。また，教育という面も重要な側面である。そこで，若いスタッフにとっては，まだ面接室で個人心理療法を行っているケースが少ないことを鑑みて，訪問と来室というそれぞれの特徴と相違点を学べるよう，できるだけ訪問カウンセリング特有の現象や注意点を伝えるようにしている。訪問カウンセリングでの体験と学びが，面接室での心理療法にも役立てることができるような指導を心がけている。

ちなみに，前述した若いスタッフとは，臨床心理学関係の大学院修士課程２年目以上から臨床心理士資格取得５年目までを一応の目安と考えている。個人の資質および実習や職場の違いなどによってそれぞれのスタッフごとに成長の歩みは異なるので，多少のばらつきは当然ある。

ベテランの臨床心理士が訪問スタッフとなった場合にも，希望があればスーパーヴィジョンを行う準備はある。ただし，この場合には，義務づけられたスーパーヴィジョンの料金分を差し引かずに派遣報酬を支払っているので，スーパーヴィジョンは別の契約となり有料となる。また，訪問カウンセリングのケース数が増えると，スーパーヴィジョンをたくさん行うことになるので，スーパーヴァイザーとの契約も行う必要性がでてくる。訪問カウンセリングを実施している臨床家が少ないことから，スーパーヴァイザーの養成も今後の課題となっている。

文　　献

竹中哲夫（2013）ひきこもり支援における家庭訪問（アウトリーチ支援）の方法論―同意ルールについての一つの提案．福祉研究，(105), 27-39.

初学者の立場での訪問カウンセリング

ケースから学ぶ　その１

これから，E・R・I カウンセリングルームにおける訪問カウンセリング実施ケースをいくつか紹介していく。ケースから学ぶ時，ケース自体からの学びはもちろん，ケースをどのように理解し記録し表現するかという側面からの学びも大きいと思う。ケース１からケース５までは，当時若手であったスタッフが訪問を続けたもので，E・R・I カウンセリングルームの構造通り毎回のスーパーヴィジョンが行われた。そのような構造の中にあって，以下の５つのケースをまとめた３人のスタッフたちは，それぞれ個性的な問題を抱え，克服し成長していったと思う。スーパーヴァイザーが同じでも，やはり人はそれぞれ個性を伸ばしてその人らしく成長する。それはまた，ケースの進展とは別の有意義な楽しみである。

臨床の記録をどのように取るかというテーマは常に臨床家たちが悩み取り組んでいる課題である。日本心理臨床学会の自主シンポジウムでも何度もこのテーマは取り扱われてきている。臨床の記録という点では，来室であれ訪問であれ差異はなく，最終的には面接室の棚に収められ保管されることになる。さらに，ケースを第三者に伝えようとすることも，臨床家の大きな課題の１つである。スーパーヴィジョンに始まり，ケース検討会や学会発表，そして論文や本に文字として載せていくことは，本当に難しい作業である。以下の３人のスタッフのケースを見ても分かるように，第三者に伝える表現はとても個性的である。ある程度の打合せをして臨んだのであるが，届けられたケースのまとめ方は一致してはいなかった。私自身，この３人のまとめ方に多少の手は加えたが，むしろこの個性は残そうと決意した。なぜならば，この本を読む初学者の人にとっては，さまざまなまとめ方を見ながら，自分がまとめる際のモデルをその中から見つけることができるかもしれないと思ったからである。このような思いから，ケースの並びもケースの特徴ごとにはせず，スタッフごとに並べることにした。複数のケースを記載することになったスタッフは，自分が担当した複数のケース間の比較もケースをまとめる際には念頭に置いているので，その点も大切にしたいと思った。

さて，同じところから派遣され，同じスーパーヴァイザーにスーパーヴィジョンを受けながらも，スタッフたちが個性的に育っていった部分にも目をとめながら，ここに登場するケースからたくさんの学びが見つけられることを期待して，ケースに移っていきたい。

Ｖ章で紹介する２つのケースは，男性の若いスタッフに訪問を継続してもらったものである。ケース１は，クライエントが20歳代でスタッフとの年齢差は小さかったが，精神病の心配はなく，むしろ家族関係の問題が大きいと考えられたことから家庭に新しい風が吹くことの意味は大きいと判断し，訪問を開始した。

このケースでは，訪問スタッフも家族との対応に苦慮することになったが，途中から，クライエントとの話し合いの末に両親の安定を図る目的で，訪問スタッフとは別に筆者が訪問するという構造の変化があった。両親の不安をサポートすることによって，クライエントが自分自身を立て直す時間を守るという構造を作った事例と言えよう。ケース1では，訪問スタッフは家族対応に苦慮したが，クライエント自身との関係では，信頼関係を構築することができ，兄のような心境でクライエントの将来を応援できた。

それに引き換え，ケース2では，クライエントとの信頼関係を構築するということについても困難を極めた。そのことから，治療者の無力感を抱えることについて大きな学びとなったケースと言える。ケース1とは家族関係も異なり，家族の関係がとても難しい状況になっていたことも大きな特徴であった。訪問スタッフがドアの外に締め出されて，所在ない不安な気持ちで時を過ごした体験は，まさしくこのクライエントの実体験と重なるものであったと考えられる。面接室でのクライエント不在，つまり一般的なキャンセルという体験では味わうことのできない深い絶望感を訪問スタッフは体験することになった。訪問スタッフとクライエントとの年齢差は，ケース1の場合より大きなものであったが，おそらく，この時，訪問スタッフは幼い子どもが感じるような不安，寂しさ，絶望感，怒りなど，さまざまな情緒の入り混じったこころの揺れに自分が壊されないよう必死に自分を守る必要があったのではないかと想像される。クライエントが感じられた手ごたえとしては，自分の扱いようもない未分化な情緒の一部を訪問者（セラピスト）に共通体験してもらったということではなかっただろうか。

（以下，ケース内の「私」とはケース担当者を指す）

ケース１：家を訪れるとどのようなことが起きるのか――*家族間のコミュニケーションと訪問者の内的体験に焦点を当てて*

濱野晋吾

訪問すると，いったいどのようなことが起きるのだろうか。そして，訪問という形態は，訪問カウンセリング全体にどのような影響を及ぼしているのだろうか。ある訪問カウンセリングの事例において２つの点に着目しながら振り返り，考えてみたい。

その１つ目とは，家族との関わりである。ある個人への訪問カウンセリングにおいて，家庭を訪問するとなると，ほぼ必然的にその家族となんらかの関わりが生じてくる。そして，その家族に目を向けてみると，家族間でのコミュニケーションがどこか行き詰まっていることが多いように思う。そこで，私の訪問が始まって以降，どのようなことが起きていたのか，主に私と家族，家族同士のコミュニケーションに目を向けて事例を振り返ってみたい。

そして，もう１つの視点は，訪問者がどのような感情や感覚を体験したかということである。訪問カウンセリングの大きな特徴の１つは，当たり前であるが,「訪問」という形態をとることにある。その訪問という形態には，来談のカウンセリングとはまた違った影響がカウンセリング全体に生じやすい土壌がある。訪問者の内的体験にはさまざまなことが関与し得るため明確には語り難いが，私の体験に焦点を当てることで，訪問するとどのようなことが起きるのか，訪問というスタイルが訪問する側の内的体験にどのような影響を及ぼし得るか，その一端を捉えられたらと思う。

それでは，まず簡単にケース概要を提示し，続けて，その経過をたどっていきたい。

《シュン　男性　20歳代前半》

【事例概要】

20代の男性「シュン」。シュンには兄と妹がいた。彼は，当時，大学を休学し，ひきこもり状態にあった。そして，訪問依頼が来た時点で，シュンの「ひきこもり」は両親の困り事であった。実際，両親は疲弊していたが，シュン自身は「僕が変わったら父親が喜ぶ。だから変わらない」と主張していた。

そこで，私が訪問する前に，別のスタッフが数回，家族と会う機会を設けることになった。

その経過を通して，そのスタッフからシュンに「まずはあなた自身を守れるように，もう1つは両親の安定を図るために」という訪問の意図が伝えられる。そして，シュンもそれを了解したところで，私が訪れることになった。

【訪問経過】

訪問の初日，最寄り駅を降りると，母親が車で待っていた。それ以降，ほぼ毎回，私は車で送り迎えをしてもらった。主に母親，時に父親，あるいは両親が揃うこともあった。

さて，シュンとの出会いである。初回，彼は自分の部屋に通してくれた。座布団も用意してあった。彼もいろいろ準備をしていたのだろう。初回からさまざまな話をしたが，その中でシュンがゴミに関する話を丁寧に語っていたことが印象に残っている。ゴミの扱いに関すること，ゴミ関連のサークルに入っていたこと，ゴミ収集のアルバイトをしていた時期があったこと。振り返ると，それらはシュン自身がこれまで体験してきたことを，暗に私に伝える，自己紹介でもあったように思う。初回は，また次回会うことを約束して，私は部屋を後にした。

その後も，私とシュンは自室で，時にTVや雑誌を眺めたり，音楽に聴き入ったりしながら，さまざまな話をした。この訪問は，１年半という期間で一応の終結をみているが，ここでは家族にまつわるやりとりと，訪問者の内的体験を軸に経過を追っていこうと思う。

まだ会うようになって間もない頃，私はシュンに食べ物の好き嫌いを尋ねた。すると「母親が聞けって言ったの？」とすぐに問い返してきた。その日も私は，シュンと会う前に母親と車の中で会っていた。シュンは私を通して探りを入れられていると思ったのだろう。母親の意向とは関係ない旨を伝えるとシュンは，母親は自分が好きな物を決めつけていると口にした。そして，父親とのことについて「あの人は，自分の人生と同じことを俺にさせることしか考えていない。これまでそういう要求や怒りに応じながら，兄と俺は戦ってきた。そこで兄は勝ったけど，自分は今，家にいるだけ」と語った。

「俺は不満のはけ口か」と父親とのことを語るシュンの佇まいには，怒りとあきらめが同居したような雰囲気が漂っていた。シュンは，自分がこの家の中でゴミ箱にされていると体験していたのかもしれない。そして，そのように父親を責めつつも，自虐的な言葉を発するシュンに，私はこれまでの彼の苦労やしんどさを想像し，言葉にして伝えていた。

その次の回は，雑談となった。このように，深いところに触れては浅瀬に戻るということは彼との間でしばしば起きた。

この間，車中で母親は，父親の意向が母親を通して本人に伝えられている，ということをいくつかのエピソードを交えて語っていた。そのような，“何かを伝える時に誰かを介す”というコミュニケーションのスタイルは，私との間でも起きていた。母親から私に，こういうことを本人に聞いてほしいとリクエストされることが何度かあったのである。基本的に私は，「話の流れでそのようなことが話題になったら話しますが」などと応じていた。しかし，それだけでは対応しきれず，本人に母親の意向であることは伝えずに尋ねたことも，実はあった。

訪問を開始してから４カ月後，最寄り駅の階段を降りていくと，運転席に父親が座っていた。私が父親と会うのは，この時が初めてだった。車中，父親は，息子の今後をまさに決めつけるように語った。私はその姿に嫌悪感に近いものを感じていた。それは，シュンがこれまで体験してきた感覚に近かったのではないかと思う。同時に，運転そっちのけで語る父親の姿に私は圧倒されてもいた。私とシュンが会っていたのは平日の昼間である。父親は仕事を休んでいる。父親も必死であった。ただ，当時の私は，父親に圧倒されないように，そしてシュンの部屋に入る時には自分の気持ちや頭を切り換えるように，そのことで精一杯だった。

その次の回，シュンとの間で，家族それぞれの性格が話題になった。父親について彼は，一番神経が細いと評した。そして自分自身も神経質であると語った。そして，父親の意向に応じるために，自分がさまざまな対応をせざるを得なかったことが，より具体的に語られていった。それらのエピソードを語る際のシュンは，うつむき加減で，伸びた髪で表情は覆われていた。

それから程なくしたある回の行きの車中。私は，母親から，今日は車で送れないということを伝えられた。結局，その日の帰り私を見送るため，シュンは自転車を押し，私は徒歩で，二人一緒にバス停まで歩いた。その時間は私にとって，とても開放的なものに感じられた。そして，嬉しくもあった。「ひきこもり」のシュンが外に出たことにほのかな達成感があった。

それ以降，私は，母親からの希望も後押しとなり，帰りに送ってほしいとシュンを誘うことが何度かあった。シュンはそれをやんわりと断った。そこで，私はようやく，私もシュンのペースを守れていないことに気がついた。つまり，家族の中で当人同士のコミュニケーションが少ないこと，本人の意向は誰かを介して伝えられ，直接言わない文化が家族の中で流れていること，自分もそれに乗っかっていたことを自覚したわけである。その次の回，私は，それらのことをシュンとの間で話題にした。すると彼は，そうした文化はないと最初は否定した。しかし，しばらくして「思い当たることがある」といくつかエピソードを語った。そして，自分が外に出ると母親が嬉しそうなのが嫌だともつぶやいた。

その回以降も，直接言わない文化は変わらず流れてはいた。ある回では，シュンが私に，「もう来ないのかと思った」と冗談気味に口にした。自分の知らないところでカウンセリングが終わりにされると思っていたようだった。そのように，シュンは，自分の知らないところで自分のペースが守られないことが起きる，そういった不安は変わらず感じていたようである。ただし，それは，ある程度，シュン自身に意識されるようにもなっていた。そして，私との間で語る内容には，将来に関することが混じってくるようになった。父親への怒りも，まさに怒った表情で，感情を伴いながら語られるようになっていった。

少しずつ，シュンや母親から日常で外出したエピソードが聞かれるようになってきた。散髪に行き，さっぱりとした表情を浮かべている回もあった。

その後，車中で母親から，父親とシュンが直接やりとりしたことが語られた。そのやりとりの内容は，彼自身が父親にどう思われているか，認めてもらえるかどうかをとても気にかけていたことが窺われるものだった。

その数カ月後，母親はシュンが外出した件を兄から聞いたが，あえて本人には触れずにいたということを車の中で語った。そのようにして，家族の中で直接言わない文化が，彼のペースを守ることにも使われるようになっていった。

ただ，この間，父親は苦悩していた。大学の退学を希望するシュンに対して，休学させるように言ってほしいと，車中で私に詰め寄ってくることもあった。父親は息子の将来を非常に心配していた。私は退学の件を直接シュンに問うことはしなかったが，彼の意志は変わらなそうであることを父親に伝えた。それを聞いた父親は，これから先の息子の苦労を考え，心配になっているようであった。そのように苦悩する父親に，母親はそこまで心配しなくていいじゃないと伝えていた。

その後しばらくして，車中で母親が語ったエピソードがある。シュンは，過去の父親との出来事について，「もう昔のことはいいよ」と母親に言ってきたそうである。そして，シュンの発言を伝え聞いた父親は，「（シュンは）変わったなあ」と漏らしたと。また，ある時，シュンが父親の描いていたシュンの将来像とは，違う道を自分が歩み始めていることを父親に伝えたそうである。その際，怒らなかった父親と接して，後に，シュンが「（お父さんは）変わったなあ」と母親に漏らしたそうである。

最初にシュンと会ってから約１年半。彼は，自分がやってみようと思う道を定め，それに向けてすでに試行錯誤を重ねていた。そしてシュンは，父親との関係やこれまでのカウンセリングについて象徴的な絵とストーリーを完成させ，ある回でそれを私に語ってくれた。その日のカウンセリングの帰り，2人は，バス停まで一緒に歩いた。その1カ月後に私とシュンとの訪問カウンセリングは終了となった。

【考察】

さて，この事例において，実際どのようなことが起きていたのだろうか。そして，訪問という形態は訪問カウンセリング全体にどのような影響を及ぼしているのだろうか。先に述べた2つの点を軸に考えてみたい。

まずは，訪問者との関わり方を通して，家族間のコミュニケーションという視点から考えていきたい。この事例における象徴的な出来事の1つとして，車の送り迎えが挙げられるであろう。お互いのことを，そしてシュン自身のことを考える上でも，車中の時間は，私と両親にとって貴重な時間であったように思う。

一方で，車という密室の中で，両親からの要望や不安はダイレクトに私に向けられていた。私はその迫力や雰囲気に，怖さを感じたり，圧倒されそうな感覚を覚えたりすることもあった。

父親はシュンへの期待や思いが強く，それだけに裏切られた思いもあったように見えた。そして，「あいつは（頭が）切れる。そこら辺のやつとは違う」という，シュンへの変わらぬ高い評価は，父親をも苦しめていたようだった。その苦しさも相俟ってか，カウンセリングが始まって間もない頃から，両親は，「息子に変化がない」と車中でしばしば話題にした。そして，父親や母親自身から息子にこういうふうに説得してほしいといった希望を受けることも何度かあった。

ただ，車中の時間はそのようなある種の攻防，せめぎ合いのような時間だけではなかった。帰りの車中で，私はシュンと会った印象を母親にしばしば伝えていた。また，息子が変化していないと不安を訴える母親に，カウンセリングの中で私が感じた彼の変化を伝えることもあった。それらは，安価ではない訪問カウンセリングを継続することに多少なりとも寄与していたように思う。

そのうち，段々と母親からも，日常生活におけるシュンの変化が車内で語られるようになっていった。そして，両親揃った回の帰りの車中，息子に関する母親の発言について父親が「おまえは，いいことしか言わない」と口にすると，母親は「私は変化を伝えているのよ」とはっきり述べたのであった。

このように，本人との訪問面接前後にその家族と訪問者との間でやりとりすることはしばしば起こる。一般的に，訪問という形態が取られている，あるいは取らざるを得ない背景からも，訪問者が，その家族の中でどのような文化・動きが流れているかを感じ，理解することは，家族力動に巻き込まれないために大事なことであるとよく言われている。

例えば家族からの要望が，訪問者に向けられた際，訪問者として自らの立場を明確にし，家族力動に巻き込まれないように配慮することは対応の１つとして考えられるだろう。私も当初はそのようなスタンスで対応していた。

ただ，どうあがいても「家」の中に入ったら，その空気・雰囲気に訪問者は巻き込まれ，それに動かされていく。そして，それが新たな展開を生んでいくことにも繋がっているように思う。今回は，家族の中での「直接言わない文化」が，私と両親とシュンとの間でも流れていたこと自体を取り上げ，共有するに至った。

訪問した「家」の中で起こる家族の動きは面接室で起こるそれよりも，より強力でより予測しがたい。また，家を訪れることで，ある種いろいろなことが見えてきてしまいやすいところがある。

今回の事例における私の対応は，訪問カウンセリングでの家族との関わりにおける方法の1つにすぎない。振り返った今，両親の希望は希望として，訪問者がそれを本人に伝えたところで，どうするか率直に話し合うのも1つの方法だったように思う。

いずれにしても，あくまで，家族との接し方，関わり方はそれぞれであり，その場で訪問者が判断していくしかない。そして，そこに訪問者らしさや訪問者と本人との関係性，家族との関係性が滲み出てくるのだろう。そして，そのような視点を持つこと自体が，訪問することでどんなことが起きているのかを理解する助けにもなるのではないか。その際，訪問者が，自分自身今どのような体験をしているのかに開かれていることで，本人や家族の理解が深まる機会になり得るだろう。

次に，私の内的体験に焦点を当てることで，訪問するとどのようなことが起きるか，訪問というスタイルが私の内的体験にどのような影響を及ぼしているか，考えてみたい。

今回，焦点を当てる私の内的体験は「昂揚感」，「充実感」，「孤独感」である。訪問カウンセリングが開始されて数カ月。私と会っている時間の中で，ひきこもり状態にあったシュンが家から出るということが起きた。そこで私は嬉しさや開放感を伴う昂揚感，今何かを成し遂げているといった充実感を体験していた。その私の内的体験を考える上で，まずは治療構造という視点を援用したい。

訪問面接の構造について長坂（1997）は「訪問面接は場所や時間，面接対象といった構造について柔軟にすることが必要であるが，柔軟にすることから同時に構造を破壊し面接そのものを失敗にいたらしめる危険も生じる」と，訪問の持つ構造の曖昧さゆえの危険性について述べている。私も，いわゆる，場所と時間を決めて「治療構造を守る」という感覚と「治療構造という視点を用いて関わる」という感覚は別であると思う。

この事例においては，私とシュンとの間で，まず時間と場所を決めて会うように構造が作られていった。そこで，母親が帰りは送れないと私に伝えるなど，さまざまな揺さぶりもあり，シュンが外に出ることとなった。この出来事はそれまでの構造とは違う構造が生まれたとも捉えられるだろう。それから，私はシュンを外に何度か誘った。その誘いを彼が断ったことで，それまで起きていたことに私が気づくに至っている。

訪問というスタイルが取られている背景に目を向けてみると，ひきこもりや不登校など，訪問でしか関われない状況にあることが多い。ゆえに訪問カウンセリングにおいて，面接の部屋（例えば自室）から出ることは，治療構造の変化だけでなく，ひきこもりの解消に繋がる行動とも捉えられる。私の体験した「昂揚感」や「充実感」とは，ひきこもっていた彼が家を出た，ということへの喜びやそれに自分が携わったことの充足感や満足感であったのだろう。

そして，その後，私が誘ったことについては，その感覚を再度体験することを，私自身が求めたところもあったのではないかと思っている。それについては，私自身の未熟さや，臨床家としてかけ出しだったこととの関連から考えるなら納得のいくところである。

加えて，一人で訪問することの「孤独感」も私は体験していた。見知らぬ土地を一人で訪れ家庭に入っていく際の，心もとない気持ちや，それに伴う怖さを私は感じていた。そうした気持ちを持ちつつ，毎回気持ちを奮い立たせながら家庭に向かっていた自分がいた。

孤独であることは，訪問者としてできることの限界に触れた時，訪問者側の幻滅体験を幻滅として体験できなくさせる力があるように思う。シュンは私の誘いを断り続けることができたが，そこはカウンセリングが泥沼化しかねない一局面だったように思う。

さて，今回私が焦点を当てた「昂揚感」「充実感」「孤独感」について，訪問というスタイルに着目することから理解することができた。しかし，これらの感情に限定されるのではなく，訪問カウンセリングでは来室カウンセリングにない感情が生じることがある。その感情に着目することで，訪問カウンセリングの特長・特質が見えてくる。

今回振り返った事例について，付け加えるならば，私が何を体験しているかだけでなく，彼が私を，そして，訪問カウンセリング自体をどのように体験しているか，そこに目を向けながら関わっていくことの大事さも教えてくれた事例であった。

訪問というスタイルには，こちらから出向く，ある種のお節介な側面があると言える。お節介を断ることができた彼の力に私も助けられた。以前学会で，田嶌誠一先生が訪問面接においては「節度ある押しつけがましさが大事」と仰っていたことが思い出される。

私にとって何物にも代え難い貴重な体験をさせてくれた彼と，彼の家族との出会いに感謝している。

ケース２：訪問者の無力感に関する一考察

濱野晋吾

訪問での関わりに限らず，治療者や援助者が無力感を体験することは往々にしてある。

今回は，ある訪問事例で私が体験した「無力感」について，まず事例の特徴と照らし合わせて考えていきたい。それから，訪問カウンセリング全体に視野を広げたところで無力感について考察を加え，最後に，訪問からは少し離れて，治療者・援助者が体験する無力感について考えてみたい。

《ヒロ　男性　14歳》

【事例概要】

私が出会った時，「ヒロ」は中学三年生で，高校受験を間近に控えていた。私が彼の元を訪れる前に，別のスタッフが母親と何度か会っている。

ヒロは年の離れた兄弟の末っ子であった。また，家庭内では，夫婦間のコミュニケーションに課題を抱えており，ヒロと父親の関係はやや希薄で，母親との関係のほうが密だったようである。

ヒロ自身は，親が決めた私立中学に進学し，部活動は熱心に取り組んでいた。しかし，２年生から少しずつ欠席が増え，３年生になると学校に足が向かなくなっていった。家庭での口数も減り，イライラした様子が目立つようになった。

そうした状況に父親は，息子への自立を促してこなかったと母親を責めつつ，息子に関わろうとするが拒絶され，父子の関係にはますます距離ができてしまったということだった。母親は，自分の人生を生きようと仕事を始めていた。両親としては息子の自立を促したいという思いがあったのかもしれない。

ただ，ヒロは家庭の中でますます暴れるようになっていった。それに呼応するかのように，家族は自宅以外に住居を借りるなど，ますますヒロから距離を取るようになっていった。こうした一連の動きは，ヒロにとって自分一人が取り残されるものとして体験され，怒りや不安も感じていたのではないだろうか。

両親はヒロを医療機関に受診させることも検討したようだが，高校受験を間近に控えた２月という瀬戸際のタイミングで願書を出した息子に，わずかの期間であっても家庭教師をつけてあげたいと，我々のところに訪問の要請があった。

【訪問経過】

初回，ヒロと会う直前に私は母親と会った。どうやら私が訪問することは，私の訪問の直前にヒロに伝えられたようだった。それでも彼は私を迎え入れてくれた。その際，私は，家庭教師を名乗った。私自身の派遣元や本来の立場は彼に伝えなかった。母親からも伝えられていなかった。

自宅は雑然としており，彼の部屋の壁には穴が開いていた。細身でやや色黒なヒロがそこに座ると，鬱屈した雰囲気がさらに部屋全体に漂った。その中で私とヒロの時間は勉強が中心となった。TV がついており，しばしば彼の目はそちらに向いたが，受験前夜は繰り返し問題を解き，直前の対策に必死なようだった。受験前と受験期間中の訪問頻度は，時に週２回もしくは３回に及ぶこともあった。ヒロが私に過去問を解いてきてほしいと依頼することもあった。そのようにして，急激に２人の距離は近くなっていった。

１つ目の受験が終わった次の回，私が訪れるとヒロは寝ていたようだった。かなりの緊張と疲労が彼を襲っていたのだろう。その日は何をするでもなく過ごした。

時に，ヒロが母親に電話をかけ，食べ物が足りない，などと声を荒げることもあった。当時の私はそのようなヒロの対応に怖さを感じていた。そして，電話が終わると私には普通に対応する彼に，安堵していた。今思えば，ヒロのそれは，母親への必死の訴えであったように思う。

希望していた高校は残念ながら不合格となった。今後の進路が見えない中で，私は，ヒロに，精神的に楽なようには見えない，今後も勉強だけに限らず話をしていければと思っていると伝えた。それに対してヒロは「どっちでもいい」と素っ気なく答えつつも，その場で訪問を断ることはなかった。そして，この時点でも私の派遣元や立場などは伝えなかった。

その後の訪問はこれまでとは少し色合いが違うものになっていった。

私が訪問し，ベルを鳴らしても応答がないことが何度か続いた。その際，私は，訪問した旨だけメモに残しドアに挟むことを繰り返していた。大概は会えないままであったが，訪問終了時間の 10 分前にドアが開くこともあった。この期間は，ヒロにとって，２人の関係の変化に応じるための準備期間だったのだろうか。

また，勉強という媒介物がなくなって２人で過ごす時間に私は，どこか手持ち無沙汰な感覚を体験するようになっていった。ある回でそのことを伝えると，ヒロは，苦笑いしながら「とくにすることないからね」と述べた。

程なくして，進学先が決まり，それまで苛立ちがちだったヒロの様子が幾分落ち着いてきた。訪問の頻度も週１回に落ち着き，時折不在の回はあるものの，以前に比べたらある程度安定して会えるようになっていった。

しかし，会えても，ヒロだけがひたすらTVゲームをやり続けるようなことがしばらく続いた。寝たままでいることもあった。起きていても，その表情は時に厳しく，時に無表情であった。私はゲーム上の動きに反応して何らか言葉を発していたが，それに彼が応じることは稀であった。私は反応がないことに戸惑いつつも，独り言のように自分が感じたことを口にすることで精一杯だった。

しばらくすると，ヒロが私に見せるようにゲームをやることも出てきた。TVを見ながら２人で笑うこともあった。彼自身の日常生活においても，入学した高校からは足が遠のくものの，アルバイトや習い事を断続的ではあったが行うようになってきていた。

季節は夏になり，ある回で私は，夏休みをとるため１回カウンセリングを休むことをヒロに伝えた。その時の彼の反応に目立ったものはなかった。次の回も彼は普段通り私の訪問を出迎えたが，それ以降，訪問しても応答がない回が続いた。

そして，この経過を通して，以前から抱えていた，自分の派遣元や立場をヒロにはっきりと伝えたほうがよいという思いが私の中で強まっていった。そして，私は今度会ったら伝えようと心に決め，ようやく会えた回でそれを伝えた。すると，ヒロはその次の回で「お金がかかっているのにこんなふうにやっても意味がないからやめたほうがいい」と答えた。そして，私が来ていたことについても「どうでもよかった」と述べ，訪問は終了となった。その後の詳細は分からない。

【考察】

さて，まずこの事例における無力感について考えてみようと思う。私がヒロとの間で体験した「無力感」とはどのようなものだったか。それは「自分はいてもいなくても一緒である」という感覚であった。

不在時にメモを入れ，次の回でメモのことを問うても，彼は見ていないと言った。実際メモはそのほとんどがポストに入れられたままであった。部屋で２人で過ごしていても，寝ていることもあった。いずれにせよ，こちらの言動に対して反応が薄いことはしばらく続いていた。そうした中で，私は，外からヒロの部屋を見上げ，部屋の電気が点いていないと，ホッとするようになっていった。振り返ると，ヒロと過ごす時間は，当時の私が意識していた以上に，きつくなっていたように思う。

その後，一旦関係は落ち着くのだが，私の夏休み以降会えないことが続いた。そこで，私が自らの立場を明かし２人の関係を問い直そうと動いたことには，ヒロとの関係をちゃんとした訪問カウンセリングにしたいという思いだけに留まらず，無力感を感じさせられる彼との関係がこれで切れてしまってもいいという，ヒロへの怒りや私自身の耐えられなさも含まれていたように思う。

また，ヒロの側に立ってみると，私が体験していた自分はいてもいなくても一緒であるという感覚は，ヒロ自身が体験してきていたものでもあったように見えてくる。生活史からは，周囲はヒロを置いてそれぞれ自立した生活に向けて動いていたことが窺える。その過程の中で，ヒロが孤独感や自分はいてもいなくても一緒であるという感覚を体験するようになっていったことは想像に難くない。

徐々に面接頻度が減っていき，私が夏休みを取るに至った過程はヒロにとって，またこいつも自分から離れていくのか，という不安や怒りを体験することになっていたのではないか。そこでの傷つきや不安や怒りは，ヒロの中で抱えきれるものではなく，「どうでもよかった」という表現を通して，私が「お前はいてもいなくても同じである」と体験する形で伝えられたように思えてならない。

さて，少し事例から離れて，訪問カウンセリング全体に視野を広げてみようと思う。まず，訪問というスタイルが治療者の内的体験にどのように関与し得るかという視点から無力感について考えてみたい。

訪問カウンセリングは，訪問という形態を取っていることが前提にある。それは同時に何らかの機関に出向くことが難しい状況を示唆していることが多い。そのように，訪問でしか会えない状況になっている時点で，訪問を受ける彼ら自身が無力感を日常的に体験していると考えられるのではないか。社会や学校あるいは家族からも取り残され，自分はいてもいなくても同じであるといった感覚に埋め尽くされている彼らの姿が浮かんでくる。そして，彼らの体験に寄り添おうとすればするほど，その感覚に近いものを訪問者も体験することになっていくのだろう。

無力感を体験しているのは本人だけではない。家族もそうであろう。そして家を訪れる訪問カウンセリングは，家族それぞれが体験している無力感も表出されやすく，かつ家族の肩代わりを求められることも多い。そのような家庭に，一人で訪問することが多い訪問カウンセリングというスタイルには，訪問者が無力感を体験した際，それに影響され，圧倒されやすいという意味合いも含まれている。そこで，いかにして我々が生き残るか，居続けるか，それは訪問カウンセリングの方向性に大きく関わってくるように思う。

そこでもう１つ，訪問カウンセリングが行われている背景についても触れてみたい。

訪問カウンセリングは訪問援助活動の一形態である，と捉えると，訪問援助活動の担い手の一群に若手の臨床家が挙げられる。そして，その比率は決して低くないように思う。

臨床家としての成長過程を考えると，若手の臨床家が自身の自己効力感や無力感に敏感に反応することはあり得ることだろう。この事例においても，家庭教師という役割で訪れていたことに，私はうっすらと不全感を体験していたように思う。そのように考えていくと，現時点での臨床現場において，訪問というスタイルは，訪問する側とそれを受ける側の無力感が共鳴しやすい土俵であるということが浮かび上がってくる。

そのように，無力感を体験しやすいことに視野が開かれていること，それをクライエントと訪問者が共有する場を整えるよう配慮していくことは，訪問者として機能し続けること，訪問面接自体を支えることに繋がっていくと思う。

最後に，訪問から少し離れて，治療者・援助者が体験する無力感について考えてみたい。

我々が治療者や援助者になろうとした背景にあるものは何なのか。私の体験を通して考えてみると，１つには，相手が変化していく，治っていく，落ち着いていく，そうした場を共有できることへの喜びがあるように思う。ただ，相手が治る，変化する，癒やされる，それを願うことと，治そう，変化させよう，癒やそう，と行動することは別である。

先人が繰り返し述べてきたことの１つに，「相手に対して操作的にならないように」「相手に寄り添うように」という言葉が挙げられる。人の内面に関わることに何らかの意味を見出している治療者や援助者にとって，他人は他人であると同時に他人ではない，他人事ではいられない自分自身がいるように思う。

治療者は傷つきを体験しやすい。そこで，それ以上傷つくことを避け，無力感にうちひしがれているでもなく，万能感を追い求めていくでもなく，無力であることを引き受けながらそこに居続けるために，我々は何ができるか。そこが問われているのだと思っている。

無力感に触れつつ，私が無力感を体験するということはどういうことか，これからも考え続けていけることを願っている。

訪問者の側の立場，経験，成長

ケースから学ぶ　その2

Ⅵ章では，14 年という長きにわたってクライエントと関わりを持つことができたケースを紹介しながら，さまざまな視点からの学びをまとめたいと思う。ケース３は，同じスタッフが訪問を続けたが，E･R･I カウンセリングルームからの正式な派遣スタッフとして訪問をするようになったのは途中からのことであった。したがって，この 14 年間の中で，いくつか大きな構造の変化があったことになる。初学者の立場で関わり始めた訪問スタッフも，14 年という年月の中でプライベートにも大きな変化を伴うことになり，さまざまな視点からの考察を深めるに至った。熟練したセラピストであっても，サイコセラピーあるいはカウンセリングという２人の人間が向き合う関係性の中で，相互に影響を与え合い，お互いに成長するのである。ケース３の場合，14 年という年月もあって，クライエントの成長とカウンセラーの成長がともに見えやすく，むしろ切り離して記述することが難しいかもしれない。普通の事例のまとめ方と少々違う印象を与える可能性はあるが，むしろこのケースの特徴と捉えていただきたいと思う。

今回の出版を機に，訪問スタッフはクライエントと再び連絡をとった。そして，クライエントからの再度の許可をもらい，さらに手紙までもらうという体験をすることができた。その手紙についても掲載の許可をもらい，この章の最後に加えさせていただくことになった。私たちのあれやこれやという考察よりも，クライエントからのこの文面のほうがよりたくさんのことを物語っているように感じられる。

ケース3　その時の私にしかできなかったこと

——大学生から臨床心理士7年目，14年間の訪問を通して

大河内範子

心理学に馴染みのない人や勉強を始めて間もない人による訪問は数多く行われている。不登校専門の家庭教師やメンタルフレンドなどがその例として挙げられる。

訪問を通して臨床心理学の世界に引き込まれ専門家を志すようになった私は，“技法を身につけて鍛錬し，場数を踏むほどより効果的な面接ができるのだ”と考えていた。しかしこの14年間の出来事を振り返り，改めて“その時にしかできないことがあったのだ”と感じている。

実際は戸惑いの連続で一つひとつの対応も失敗ばかりであったが，私が失敗に苦しむ姿，希望を探して乗り越える姿，専門性を追求する姿は，技法では及ばない何らかの影響をケースに与えていた。カウンセリングはクライエントとともに苦しみ，ともに乗り越えていく作業の繰り返しであるが，初学者時代ほどケースに没頭し，苦しみをより近い立場で体験できる時期はない。メンタルフレンドなど，近い世代の者同士の関わりであれば共有できるものはさらに多くなるであろう。初学者の時代はケースから学ぶことがもっとも多い時期であり，それぞれの葛藤が影響し合いお互いの成長に繋がる貴重な時期でもあると思う。

《ちひろ　女性　12歳》

【事例概要】

ちひろは祖父母や親兄弟の家族が同居する大家族の中で育った。大人しく引っ込み思案のちひろを心配し，両親以外の大人も子育てについていろいろと口を出していた。ちひろは大人たちの価値観の違いを感じながら育ち，家族間の摩擦を緩和する役割をとるようになっていった。小学校５年生の時，学級崩壊が起った。ちひろは混乱した学級の中でなんとか秩序を取り戻すことができないかと苦悩し，先生の指導を尊重して奔走した。そのような経過の中で，ちひろは腹痛を起こすようになり，不登校となった。教育相談所や医療機関のカウンセリングに通っても途中から行けなくなり，ちひろは次第に家にひきこもるようになっていった。

その頃，私は通信制の大学に通い心理学の世界に魅せられていた。それ以前の私は心の深い傷と慢性疾患を抱え，先を見失い，迷いながら生きていた。20代に慢性疾患が再燃した時，入院先の看護師や医師は迷いの中で生きる私の側に寄り添い，励ましてくれた。そのような環境に支えられ，私は自分の可能性についてさまざまな想像を巡らした。お願いして本物の臨床心理士に会わせてもらい，心を躍らせたこともあった。退院後，私は通信制の大学で学びながら飲食店でアルバイトをするようになった。そしてアルバイト先の先輩から「女の子の話し相手になりながら，勉強を教えてくれる人を探している」と相談を持ちかけられたことをきっかけに訪問は始まった。

出会った時，ちひろは小学6年生，私は22歳であった。私にとってイニシャルケースであるこの訪問は14年間続き，終結の時，私は臨床心理士7年目になっていた。

【訪問経過】

第1期　ラポールができるまで（ちひろが小学校6年生～中学校1年生・私が大学生の頃）

初めて訪問した日，私はちひろに良い第一印象を持ってもらおうと，ラフな雰囲気を意識して笑顔でうかがったことを覚えている。リビングに案内され，机の下から泣き声がすることに気がついた時，私はその場に漂う深い絶望感に圧倒され，あまりに自分の態度が場違いであることを知って足がすくんだ。机の影に隠れた小さい姿は，私に気づかれないように体を震わせていた。私が意を決して名前を呼ぶと，ちひろはこらえきれずに叫ぶように泣きだした。私は「また来るね」とちひろに言い，帰った。その声がちひろに聞こえていたかどうか，私には分からない。2回目に訪問した日，ちひろは部屋から出てこなかった。

ちひろとの出会いは私にとっての未知の扉を開いた。自分の意志で来たにもかかわらず，自分がどうしてそこにいるのか分からないということに私はとても驚いた。焦りや不安，緊張，興奮，期待などの感情が入り混じり，何とも言えない高揚した気分であった。たくさんの葛藤や不安が吹き出し，それは刻々と変化した。「まったく力の及ばない場所に来てしまったのではないか？」「そもそもちひろは訪問を望んでいるのだろうか？」「ちひろが訪問に応じたとしても，それはちひろのためになるのだろうか？」

遅い大学生活を送っていた私にはつらい体験による深い傷つきがいくつもあった。困った時に助けてくれなかった大人社会への怒りがあり，“私は困っている人を助けられる人になろう”と考えていた。“つらい体験をしたのだから，人のつらさにも共感できるだろう”という考えもあった。困難に遭った経験を無駄にしないと心に決め“先輩として，問題を乗り越えるための手助けをしよう”“力を与え，励まし良い方向に導こう”と思っていた。しかしちひろに関わる時間が長くなるほど，私が想像するような役割は果たせないことが分かっていった。

私は気持ちを奮い立たせて訪問したが，「今日は会いたくないようです」とお母さんから言われ，そのまま引き返すことが何度もあった。このようなことがある度に私は落胆し，ちひろに拒否されたような気分になった。だんだんとちひろと会えるようになり，当初の依頼通り勉強を教えようとしたが，実際に勉強ができることはほとんどなかった。苦しみを理解していないことをちひろに非難され，怒りを向けられているように感じることもあった。私は何のために訪問しているのかを見失い，“ちひろは訪問に意味がないと思っているのではないか”と感じるようになっていった。

その頃のちひろは解決できない苦しみを一人で抱えて生きていた。“何でも良いからこの苦しみから解放してくれるものにすがりつきたい”と思っていたのだと思う。しかしちひろにとって，私との関係を新たに作ることは傷を深める可能性もある恐ろしいことであった。それに，たとえちひろが私に何かを伝えようとしていたとしても，感情は混乱し，表現できる形になってはいなかった。

当時の私はちひろが何に苦しんでいるのかを理解できず，どのように接すればいいかも分からなかった。私はそのような自分に失望していた。そして“訪問することによってちひろを苦しめているのに，訪問しなくてはならない”という状況にも苦しみを感じていた。

しかし何とか面接の場に現れようとしているちひろを見て，私はちひろに求められている感覚をわずかでも持ち続けることができた。私は毎週訪問し「ちひろがどういう状態でも私はここにいる」という姿勢を取ろうと決めた。

２人で会えることが増えていき，一歩も外出できなくなっていたちひろが，私と一緒ならば中学校に行くようになっていった。ある日の通学路でちひろは私に「先生と一緒だから通えているんです。他の人では無理です」と言った。私はちひろが私との時間を求めているという事実に改めて驚いた。

私はどこかでちひろのためではなく自分のために訪問しているところがあると分かっていた。“なぜ苦しんでいるのか分からなくても側に居続けよう”という考えは，私が誰かに側に居てほしかった過去の経験からきていた。“困った人を助けたい”という気持ちは，困った時に助けてもらえなかった自分の虚しさを埋め合わせるものでもあった。私は人を助けることによって今の自分に自信を持とうとし，自分が困難に遭った意味を見出そうとしていたのだと思う。

そのような自分の心情をちひろに察知され，過去を乗り越えていない事実を知られ，訪問を「無意味なもの」と非難されることを私はとても恐れていた。そして非難によるダメージから身を守るために“訪問にはもともと意味がないのだ”“私は役に立たないのだ”と考えるようになっていた。

第２期　いろいろなテーマが見えてきた時期（ちひろが中学２，３年生・私が大学生の頃）

ちひろが相談室登校をするようになり，校内でも人間関係を作れるようになっていくと，私はそれまでにたまっていた，受け入れられない寂しさ，役に立たない空しさや罪悪感，自信のなさを解消しようとした。“結果を出したい”“評価されたい”という欲が出てきたのである。週３日別室登校に同行し，関わる時間も増えて行った。活動を中学校の中で評価された時や，ちひろの両親に私の居る意義を認められた時“自分はこのために頑張ってきたのだ”と晴々しい気分になった。

この頃のちひろは期待に応えられない状態であり，外に出たくない気分だったのだろうと思う。それにもかかわらず周りからは普通の中学生と同じような行動を期待され，ありのままの自分を受け入れられない寂しさを抱えていたのではないかと思う。一方，もともと“役に立ちたい”“自分の価値を認められたい”という思いもあるちひろは，家庭や学校で評価されることに喜びも感じていた。

私が“役に立たない”“受け入れられない”と感じ，その反動で“結果を出したい”“評価されたい”と行動していたことは，ちひろのテーマをそのまま私が背負っていたことに他ならないのである。私が私の内面を見つめるきっかけを与えてくれたのはちひろであった。学校の中で役立つことにやりがいを感じていた私に，ちひろは「先生が皆のものになっている。がまんできない」と言った。これをきっかけに私は“社会的に望ましく見える登校や人間関係の広がりはちひろの心の流れに沿っていないのではないか？”“両親の希望に応えることが私の役割なのだろうか？”と疑問を持つようになっていった。そして“専門家だったら何をするだろうか”という興味を持つようになった。

第３期　見せかけの安定（ちひろの高校３年間・私が大学院から就職した頃）

高校に入学すると，ちひろは休まずに登校するようになった。訪問は2週間に1度，2時間となり，ちひろの身の回りで起こった出来事が話題の中心になった。私達は，ちひろが自分のペースを把握し，行動をコントロールするための方法を考えた。家族の複雑な関係やちひろの内面に渦巻く感情が語られることもあった。私は話を丁寧に聞こうと心がけていたものの，ちひろがコントロールする力を持ち続けられるように励まし，表面的な話をして場を和ませるようにしていた。この頃の私は“ちひろの心の闇に光を当てたとしても，それを理解し対処する能力はない”と感じ，自分の役割を“登校援助”と限定していた。ちひろはクラスや部活に居場所を見つけ，努力して良い成績を取っていた。この頃，私には“不登校からの回復”という結果を出したような安堵感があった。

しかし一方で，変わらずに続く家族の摩擦を見聞きし，ちひろが言葉にならず言いよどむ姿やふとした涙を目にすることで，“社会的に望ましく見える”ことへの違和感は強まっていった。ちひろの苦悩はそのまま心の中に残っているように見えた。私は訪問面接を終え，専門家の援助を受けることをちひろに勧めた。

大学院に入った私は，たくさんの理論を目の当たりにしていた。どの理論も難しく，学んだとしても自分の理想に近づけるのか分からずにいた。過去の専門家達の乗り越えてきた苦労を知り，自分のしていることがあまりに小さいもののように感じてもいた。心理学を学ぶ度に私自身の抱える問題の数々も明確になっていき，私は“専門家として面接する前に自分自身の問題を整理することが必要だ”と感じるようになっていた。そして，たとえ整理を始めたとしても専門家として機能するまでの道のりは遥かに遠いもののように思えていた。私は“自分は無力だ”と降参し“人格的に成熟し，専門家として機能している人に診てもらうのがちひろのためだ”と心から思っていた。この頃，ちひろから「家族の介護のために場所を確保できず，訪問面接をお休みにしたい」という申し出があった。無力感に浸っていた私は，このまま私の出番はなくなるのだろうと思っていた。

介護の問題は家族間の摩擦を深刻なものにしていた。大人たちの意見を聞き，なだめ，不足を補い調整する存在は不可欠で，ちひろは家族の危機の中で少しでも役に立ちたいと思ったのだと思う。しかし一方で，ちひろは家族に対する不信感や怒りなども感じられるようになっていた。自分について振り返る機会を持ち続けたら家族内のバランスが崩れることを察知し，ちひろは自ら面接をお休みすることを申し出たのだろうと考えている。“内面を見つめて苦しみから解放されたいけれど，それをしたらちひろの願う家族の平和から遠ざかる”という状態はちひろの心を引き裂いていた。

重ねて，私から専門家にかかることを勧められ“訪問者に寄り添ってもらいたいのに，自分の心を見つめようとすると突き放される”という状態も，ちひろの心を引き裂いていたのだと思う。

しばらくして，ちひろはリストカットしたことを私にだけ伝えてきた。うつ状態はひどくなり，薬物療法が開始され，ちひろは再び不登校となった。訪問面接が再開すると，ちひろは依然として“社会的に望ましく見える”自分になろうと模索し続けた。ちひろがそのような努力をする度に引き裂かれ，苦しんでいる姿を目にした私は“登校援助”という役割を取れなくなった。私達はコントロールが必要なわけについて考えるようになり，ちひろは家族の対立の中で生きる自分の姿を見つめるようになっていった。このような経過の中で私の役割は変化したが，私は依然専門家として面接を継続することを躊躇していた。

振り返ると，私は大人たちと同じことをしている自分を受け入れることができなかったのだと思う。6年間訪問を続け，大学院で理論を学び，何とかちひろを理解しようとしても，私はちひろが何に苦しんでいるのかを理解できず，苦しんでいる時に寄り添うこともなかった。過去に私の苦しみを理解せず，側に寄り添わなかった大人たちと同じことを自分がしているかのように私には感じられた。内面から沸き起こる大人たちへの生々しい怒りを収めることができていなかった私は，現実を正面から見つめることを恐れていた。

私は「高校卒業と同時に専門家のセラピーを受けること」をちひろに勧めた。高校卒業が迫ると，治まっていたリストカットが始まり，ちひろは強い希死念慮を訴えるようになった。ちひろは一貫して私の訪問を希望していた。

揺るがぬ訴えに背中を押され，私は専門家の力を借りて自分自身の姿を見つめながら訪問を続けようと思った。そしてちひろとの関わりの中で，自分の過去を何らかの形で活かしていく方法を探してみようと決心した。

そしてスーパーヴィジョンが必須とされている機関からの派遣という形で訪問面接は継続されることとなった。

第4期　窮屈な枠の中で（ちひろが専門学校～21歳・私が臨床心理士1～3年目の頃）

“訪問カウンセリングの機関からの派遣”という形になり，訪問は毎週1回1時間の訪問となった。面接料は上がり，時間を超過した時は，延長料金もかかった。電話やメールでのやりとりは一切しなくなり，手紙は派遣元を経由して届けられることになった。私はプライベートについて口を閉ざし，雑談もしなくなった。この時期私が提示した枠は非常に硬く，窮屈なものであった。

私は専門家として面接をすることに不安があり，自信を持てずに萎縮していた。専門家らしくするために“説得力のある行動をとらなくては”という緊張感は強まり，“自己開示してはいけない”“ただひたすら傾聴しなくてはならない”“構造を設定し，それを厳守しないといけない”といった考えに固執していた。また，生々しい腕の傷を見て，ちひろの命が自分の行動により左右されてしまう恐怖から身を守ろうとしていた。

これまで「お姉さん的存在」として行っていた場所に専門家として立場を変えていく難しさもあった。私たちは新しい形に移行するために契約を一つひとつ確認しなくてはならず，枠は一層硬いもののように感じられていた。

ちひろに対する怒りも枠をより強固なものにしていた。“専門家の治療を受けるとよい”ということは，当時の私なりに知恵を絞って出した結論であった。しかしちひろは私の提案を全く受け止めず，むしろそのような判断をした私に怒りを感じていた。私は，自分の力のなさを非難され，能力がないのに“もっと努力しろ”と追い詰められているような感覚を持った。“途中で放り出すことは許されない”と縛られ，“ちひろの苦しみの責任がある”と当てつけられ，甘えられているような感覚も持っていた。それらの感覚は混乱を引き起こし，怒りとなって私を襲った。私はちひろが私の期待に応えずに心のままに行動していることに怒りを感じていた。第２期から“社会的に望ましく見える行動がちひろの心の流れに沿っていないのではないか？”と考え続けていた私に，彼女の表現を阻止してはいけないという意識が働いていた。私は自分の怒りを膨らませないためにも枠を縮め，混乱が漏れ出ないように枠を硬くしていた。

しかし知らぬ間に，枠を作ることそのものが私の怒りの表れのようになっていた。硬い枠の提示はちひろに期待に応えることを要求し，ちひろにとってそれが私から拒絶される経験となった。その後ちひろは大量服薬し，気分の落ち込みによって布団から出られなくなっていった。

学生時代の私は，自分が矮小で力がなく，社会の中で価値を認められていない存在であると感じていた。その喪失感や空虚感が無力感を強めていた。しかし専門家として振る舞いながらも，専門家として何をするべきか分かっていないという状況はまったく違う無力感となって私を襲った。専門家らしく振る舞えるようになればなるほど，内実が伴わずに空虚は際立っていった。自分で自分の能力のなさが次々に見え，出口がなく，希望もない，絶望的な無力感であった。訪問当初のジェットコースターのような展開の読めない怖さはなくなったものの，生の人間関係の中で感じる生き生きした気分は失われていた。面接はある意味で安定したものになったが，退屈でつまらないものであった。専門性にしがみつきながらも私は正しいことをしているのか分からなくなっていた。理論も信じ切れず，ちひろが信じているわけでもない迷信をもとに行動しているかのような罪悪感もあり，かといって理論を正しく理解し，あるべき形で実行できているのかも確信できなかった。

しかし硬い枠の存在は私に安心感を与えてくれた。枠の中で私は恐怖を耐えしのぎ，専門家としての自信を少しずつ持てるようになって行った。それまでの私には，ちひろと，ちひろを取りまくものについての見立てができていなかったが，狭い枠の中で起こる出来事は把握しやすく，その時々のテーマが導き出しやすくなった。いくつかの中心的なテーマが浮き彫りになり，私とちひろは面接の中で見えたものを共有していった。私たちの共有できる範囲は増え，訪問面接の枠は次第に広がることとなった。

枠の柔らかさもいろいろな場面で見られるようになっていった。“取り決めを厳守する”という想定外の出来事を許さない態度から，取り決めのゆらぎを取り巻く心理について考えられるようになると，面接の場の頑なな雰囲気は次第に解けていった。私達は雑談をするようになり，雑談の中にちひろのテーマが流れている時にはそれを話題にすることもあった。“想定外のことが起こらないようにしなくては”という緊張感はなくなり，想定外の出来事に興味を持つ姿勢が生まれた。そこには2人で面接の場を作り出しているという共同作業の雰囲気が漂っていた。

それまでのちひろにとって，家族間の衝突の中心に入り平和に導くことは存在意義を確認する術でもあった。しかしそのようなあり方を見つめ続けたちひろは，家族の中で演じているということを発見し，演じることをやめられないことに苦しむようになった。同じことは面接の中でも起こっていた。ちひろは，私との間でも演じていて，感情を伝えられていなかったのである。私は「面接の中で演じることをやめ，そのままの考えを言葉にする練習をしてみてはどうか」と提案した。そのようなやりとりを繰り返すうちに少しずつではあるが，ちひろは私だけでなく，家族に対しても考えを伝えられるようになっていった。

ある回，ちひろが「操縦席にはいるけれど，自分で操縦できない感じ」だと困惑した表情で言った。自らの位置づけを失ったちひろは，真空の宇宙空間に放り出されたかのように心細そうであった。ちひろは「何もできない」とずっと布団の中に居る状態になり「冬眠」を始めた。

2年近くに及ぶ冬眠の時期にちひろは何もできない自分を責

め，“自分は役に立たない存在だ”“生きている価値がない”と苦しんだ。面接は毎回陰鬱で変化がほとんどなかった。高いお金をいただいて面接しながら対外的には少しも変化しないことへの罪悪感や焦燥感が私の中に沸き起こった。ちひろと私は罪悪感や焦燥感の中でもがいていた。私達は罪悪感や焦燥感をともに見つめ，無力な自分を少しずつ受け入れられるようになっていった。やがて私達は冬眠の心地よさを感じられるようになり，なかなか見えてこない光を想像しながら暗いトンネルの中でちひろの心が動きだすのを待った。

ちひろはある時布団を出て，家族の間の衝突の中心に入っていった。あっという間に以前と同じような家族間の摩擦が再燃し，ちひろはその中で苦しんだ。私達はちひろの苦しみを面接の中で見つめた。ちひろは「やはりこの役は嫌だ」とその役割から降りることを決意した。そして「“自分は自分でいいんだ”と突然気がついて涙が出てきた」「ずっと前から死にたいとか消えたいと考えていた。でも“私は消えたいと思うことはこれからはないだろうな”と思った」「先が見えてきた。これまでは先が見えないトンネルのようだった」と語った。この頃，病院での投薬が終わった。

第５期　それぞれの旅立ち（ちひろ 22 歳〜 25 歳，私・臨床心理士４年目〜７年目）

ちひろは操縦席に座った。アルバイトを始め，たった一人で新しい世界に入ると，自分のできない面ばかりに目が行き，人の役に立たないことへの不安を抱え苦しんだ。そんな中でもちひろは少しずつ居場所を見つけていった。そして失敗をすることや思うように評価されないことがあっても，その苦しさの中に身を置くことができるようになっていった。

ちひろは同僚達の多様な生き方を目にし，時には非難しながらもそのようにしか生きられない他人の姿を受け入れられるようになっていった。家族についても一方で非難しつつ，一方では大家族の中で生きるそれぞれの苦労について考えるようになった。そして自分自身の「なくさないといけない」と思っていた部分も「このままでいいんだ」と受け入れられるようになると，うつ状態や身体化症状は軽くなっていった。

面接の中では他人に対する攻撃的な気持ちなど，自分の嫌な部分を一つひとつ見つめることとなった。しかし良い人でいたいちひろは，自分の嫌な部分を現実の関係の中で目の前の人に対して露わにすることはなかった。私は「面接の中で，目の前の私に対する嫌な感情を言ってみて，それについて考えてみよう」と言った。ちひろは「怒りを伝えても伝わらないのでは」という不安を口にし，伝えた時の罪悪感や，相手の反応によりさらに怒りが沸き起こる心配を話した。私は「私に対する感情を言葉にし，それでも関係が崩れないということに意味がある」と励ました。やがてちひろは硬い枠を作った時に“自分が要らないのでは”という気持ちになったことを言葉にし，準備ができていないのに自立を迫られたことへの怒りや寂しさを語った。私には，それが早くに大人の関係の中に身を置かなくてはならなかったちひろの寂しさでもあるように感じられた。

ちひろは日常の些細なことにイライラするようになった。トラブルが起こるたびに相手の非が見えるようになり，それによって自分の中に沸き起こる感情に対し嫌悪感や罪悪感を持つようになった。好きな相手に対してさえも嫌いな気持ちを持ってしまうことに苦しみを感じたちひろは，アルバイトを辞めて閉じこもるようになった。面接の中では「面接をしていても何も変わらない」と毎回のように言うようになった。私は，怒りや非難を直接口にしても関係が変化しないことをちひろが確認しているかのように感じていた。

「喧嘩をしたり距離をとったりしても関係は続いているんだ」と言うようになると，友人関係でのぎこちなさは少なくなり，家族とも率直に話せることが増えていった。ちひろは「新しい関係への不安や葛藤はあるけれど，今は自分の世界が広がっていく，その新鮮さが心地よい」と語った。

学級崩壊について当時の友人と話し「やはり異常な状態だったんだ」と振り返ったちひろは，次第に訪問面接の非日常性を語るようになり,「日常の中で周囲の人たちに相談しながら生きていけるようになりたい」と言った。終結を目の前に，ちひろはまた閉じこもりがちな生活になっていた。私は“ちひろが社会に参加していない状態のまま訪問を終えて本当によいのだろうか”と度々不安になった。しかし同時に，自分のペースで生き，その状態を静かに受け止めている姿にちひろの成長を感じていた。ちひろは最終回で仕事が決まったと話し,「いずれはそこで社員になりたい」と語った。

【考察】

ａ．クライエントとセラピストの成長

硬い枠を作った頃，私はちひろのことを知ろう，そして理解しようと一所懸命に耳を澄ましていた。ちひろの知らないちひろを私が発見し，理解したことからストーリーを作り，それをちひろに伝え，ちひろの気づきを促していくのが私の仕事だと思っていた。しかし実際に始めてみると，ちひろが私よりもずっと深く洞察し，成長している部分も多くあった。予想もしなかった発見があり，思いもかけない展開となることもあった。ちひろの話の中には，私がいまだ見聞きしたことのない世界がたくさんあった。

私は自分とちひろの考え方・感じ方の差を知り，そのわけを探求し，自分の歴史を振り返った。面接は私自身を発見する場ともなった。それは私自身の傷を見つめる機会となり，傷は少しずつその姿を変えていった。ちひろが傷から目をそらさずに考える姿勢が私を動かし，私が傷を見つめる姿がちひろを動かした。枠の中で安心して率直に語るちひろの姿を見て，私自身もその守られた場を味わっていた。私は，ちひろの知っていることを知らないことや，ちひろの言っていることが分からないということをちひろに伝えるようになった。ちひろの語りから感じた“不安”“とまどい”“怒り”“安堵”など，その時の私自身の感情を伝えることができるようになり，私が感じていることを隠さずに振る舞うことが，ちひろの気づきを生んだ。私はちひろの気づきからまた，影響を受けた。私は“自己開示をするべきなのかどうか”という迷いを持たなくなり，私の内面に起こっていることの意味を考えた上で言葉を伝えるようになった。

時間の流れや関係はそれまで見えていた現実的・表層的なものではなくなっていった。面接は多次元的に思考が行き交う場となり，ある時は治療者が患者に見え，親が子に見え，善が悪に見え，両者が入り混じり，歴史をさかのぼったストーリーが作られ，描いたものが壊され，またストーリーが作られた。枠は，連想を広げて思考を自由に行き交わすための守りとなり，枠の変化を見つめることが，私たちに何かを気づかせるためのヒントの１つとなった。

構造化を強く意識してから枠の中で自由になるまでは長い道のりであったが，振り返るとちひろも同じテーマを生きていた。ちひろも枠を求め，枠に縛られることに苦しみ，枠に守られ安心して自分自身を生きられるようになっていったのである。

大家族の中の関係は複雑であった。それぞれの思いは複雑に絡み合い，影響を与えあっていた。複数の家族が同居する中で，１つの家族が１つの家族として機能することは必要であった。ちひろが家族関係について見つめ直し，家族間のバランスをとる役から身を引くと，家族のあり方もまた変わってきた。それぞれの家族の間に枠ができていき，関係は新たなものとして再構築されていった。そのような家族の変容に，ちひろは馴染むことができず苦しんだ。しかし最終的にちひろの家族は，親密で温かく，信頼できる関係を取り戻していった。

訪問面接の大きな特徴の１つは，相談する人物が自らの足で相談先に出向かないことだと言える。生活範囲の中で面接を行うことは自分の殻ができていない子どもや，社会参加できない事情を持った人々には有益な形であると思う。しかし殻を守ろうとするあまり殻から抜け出しにくくさせ，自立を阻む可能性も考慮に入れておく必要があるだろう。ちひろを訪問した10年を超える歳月は，依存関係を非常に強いものにし，自立に向う気持ちを阻む要因にもなったのだと思う。

このような依存関係を乗り越えるためにも，第４期の枠作りは意味のあるものであった。日常的に近いお姉さんとしてではなく，別れを想定した非日常的な関係に移行したことは，ちひろが殻を破り現実的な関係の中で生きていく原動力になったように思う。いつも側にいてくれる存在に全面的によりかかる段階を経て，相手の限界を知りながら部分的に依存できる関係に移行したことは，社会の中で自立した生活を送りながらも，ある部分では誰かに依存する能力を培っていった。

私はちひろのことを分からない，知らない人間だということに気がついていったが，分かったと思った部分さえも全く分かっていなかったということがよくあった。しかも自分が理解していないことを，随分あとになってやっと気づくこともよくあった。詳細に事実関係を聞いて想像力を働かせてもちひろの体験に近づけないこともあった。このような事実はちひろにとって深い失望だったと思う。この事実は私にとっても自分自身への失望となり，無力感に繋がった。しかし私にとって無力感は以前ほど大きな苦しみではなくなっていた。私は私が無力であることを受け入れられるようになり，その感覚を治療に役立てることができると思うようになっていた。

私は必要な時には自分に理解できないことを率直に伝えた。一方，ちひろは私に伝えようとすることで，ちひろ自身の新たな面に気づいていった。しかし気づくことよりももっと意味があったのは，理解しようとしている人が理解できないという現実だったのではないかと思う。それは，私たちは別の人間であるということを突きつけることでもあった。ちひろは私に依存したい気持ちを盛んに語っていた。ちひろは依存心を語るたびに，それを受け止めきれない相手の能力の限界を哀しみとして味わっていたのであろう。

ちひろは苦しみのすべてを理解し支えてくれる人を求めていたが，実際の私はちひろを十分理解できる人間ではなかった。努力しても彼女を理解できず，大人にもなりきれず，身体も弱く，社会性にも欠けた存在であった。ちひろはそのような私にある部分では依存しながら，他方では労わりの気持ちを養っていったのではないかと思う。自分にも他者にも理想を求めていたちひろにとって，他者の欠陥を許すことは，ちひろ自身への許しへと繋がった。

訪問の終わりが近づくにつれ，ちひろと初めて会った時の映像が何度も浮かぶようになった。初めてちひろに出会った頃，私は自分が何もできないという事実に直面し，凍りついていた。そして，ちひろとの 14 年間を振り返ると，ちひろから与えられたものばかりが思い浮かび，“やっぱり私には何もできなかった”という感じがする。もし私に何かできたことがあったとすれば，それは「私はここに居続ける」という決意を持ち，挫折しそうになりながらも生き残ったことだけであったと思う。

b．訪問者の都合による長期間の中断と“別れ”について

この訪問面接の間に私の都合による長期の休みが3回あった。1度目は子どもの出産（第4期）。2度目は私の慢性病の悪化，3度目は2人目の子どもの出産（ともに第5期）であった。

1度目の休みに入る前，ちひろはうつ状態で床から起き上がれない毎日を送っていた。私は子どもを生み・育てる幸せに浸ることへの激しい罪悪感を持っていた。ちひろが休みに対して深刻に捉えている様子も見られず，薬も減りつつあることを理由に，私は“休みがちひろにどのように影響するかを考えても意味はない”と思っていた。ちひろの感情を知ることが怖く，休みの持つ意味に十分向き合えていなかったのである。ちひろは私の妊娠・出産を喜び気遣ってくれていた。

しかし2年後に予告なき休みという事態になった。私は慢性病による自分の入院や死を想定せずに面接を請け負っていたことの無責任さを痛感した。ちひろには自殺企図があり，訪問面接の中断がちひろの命を左右する可能性もあった。

専門家を目指す過程で自分の実力のなさに失望していた私は，構造化された面接という専門性さえ維持できない実状に直面した。自分で自分の体調さえコントロールできないという事実は私の無力感にとどめを刺した。

私はそれまで「臨床心理士に慢性病があるということは致命的なこと」と誰かから指摘され，仕事を続けられなくなることを恐れていた。しかし誰かから「大丈夫」と言われたいと切望

するようになった。意を決して何人かの先生に相談したが，どの先生も「辞めるべきだ」とは考えていない様子であった。

私は面接の中断が起こることを想定し，休みや病気であることを面接に役立てる方法を模索するようになった。私は長期休みだけでなく訪問の度に私たちが別れているという事実，そして次に会うまでに相手を想っているということに気づいた。私は“離れている間にもちひろとの時は流れ続けている。その時の流れを共有することができたなら，突然の別れという事態が起きても，私たちに生まれた関係は流れ続けるのではないか”と考えるようになった。

私は，別れについて感じたことを語ってもらい，それについてともに考えることをちひろの苦しみの解決の糸口の１つにしようと考えた。ちひろは，“相手に良い人と思われたい”という思いから，内面に渦巻く思いを語ることを躊躇していた。しかし次第に休みについての回想を通して，人の事情に振り回されることへの怒り，人から排除される不安，他者に必要とされない孤独感などを吐き出すようになっていった。３度目の休みに入る前，ちひろは依存したい気持ちと自立したい気持ちの間を何度も揺れ動いた末に「お休みを訪問面接終了の練習にする」と決心した。

ちひろは“面接なしでやっていけるだろうか”という不安を抱えていた。しかしだんだんと彼女一人の心の中で，私とのやりとりと同じように考えを巡らし，糸口を見つけ，新たな自分を発見するようになっていった。面接が再開してからは，私は言うべき言葉がないように感じ，沈黙したまま彼女の話に耳を傾けた。ちひろは目の前にいる私が言葉を発しなくても，これまでと同じように彼女自身の作業を続けていた。

私達は訪問面接で会っている時と同じように，会っていない時にも私達の作業が続いていることを確認し合ったように感じている。ちひろは終結を心に決め，再開後5回のフォローアップ面接の後，訪問は終了となった。

私はちひろから大切なことをたくさん教わった。人と人の関係には必ず別れがあり，そして，別れが私たちの関係を豊かなものにするのだということ。そしてともにその宿命の切なさを見つめることで，不在の間にもお互いがともに存在する世界が豊かに動き続ける関係を作れるのだということ。今もお互いが影響しあいながら生き続けていることを，ちひろも感じているかもしれない。

c．無力感を乗り越える助けとなったもの

無力感は形を変え，動かしがたい壁のように立ちはだかり，私はそれに苦しみ続けた。そのような無力感と折り合いをつけられるようになるまでに，力となったものがいくつかある。

①ちひろ・ちひろの家族

ちひろが苦しみながらも生き続け，前に進もうとする姿は私に勇気を与えてくれた。それは私が挫折しそうになりながらも学び続ける原動力になった。“自分は役に立たない”と感じている時，ちひろの変化を見ることは希望となった。私はちひろからさまざまなことを教わり，それをちひろとの面接に役立てていった。

私がちひろと同じテーマを抱えていた時，ちひろは私が迷う姿を見ながらも迷い続ける私を支えてくれていたように思う。私とちひろはともに迷い，ともに洞察し，新しい視点を獲得していった。私が少し先に目の前のテーマを乗り越え，ちひろの変化が後に続くことが多かったように思う。しかし，明らかにちひろが先に気づきを得て，私に示唆を与えてくれていることもあった。そして最も支えになったのは，そのような私をちひろが信じてくれたことだと思う。

ちひろのお母さんが，拾ってきた蔓を使って小物を編んでいたことを思い出す。それらの作品は面接する部屋で手紙入れやコースターとして使われていた。ちひろが今の自分の葛藤を語り，それを過去と繋げていく作業をする時，出来事の詳細やその時の感情の一つひとつの感触を確かめ，再度編みこんでいくような雰囲気がひたひたと漂っていた。私は面接の間よくちひろの話を聞きながら，うまく編みこめなかった部分をほどいては編み直すというイメージを思い浮かべていた。お母さんは面接が始まると黙ってどこかに出かけていたが，テーマを乗り越えようとする２人を心配しながらも信じ，応援し，待ち続けてくれたのだと思う。また，訪問の場に現われなかったお父さんも現れないという形で私たちの作業を守ってくれていた。

“何もしていないのに報酬をいただいて良いのだろうか”と考えた時期が長かった私にとって，面接料をいただくことはプレッシャーでもあった。しかしそれでも報酬が支払われ，それだけの意味のあるものとして認められ続けているということは，励みになり，原動力になり，自信となった。経験とともに料金が上がったが，実際のところはそれだけのことができているという自信はほとんど持てていなかった。第４期の面接料の値上げは“役立つ専門家になろう”という決心に繋がり，私は無力感から抜け出す方法を模索した。「無力感から抜け出そう」という試みをやめた第５期の報酬の値上げは，無力な自分を受け入れる苦しみに耐える力となった。

②同じ時代を生きているということ

はじめの頃，流行りの音楽やアニメのこと，お気に入りの本やゲームのことがよく話題に上った。このような共通の話題があるということがさまざまな意味で助けとなった。訪問面接開始前，教育相談や医療機関のカウンセリングは数回で中断となっていた。ちひろにとっては，心の問題に向き合うということを目的としなくても，何気ない雑談をして誰かとの時間を過ごせることは救いだったのではないかと思う。また友達関係も途絶えていた状況にあったため，同世代との関わりがあることは外界との繋がりを維持しているという安心感にも繋がったと考えられる。

この頃の私は思春期の終わりを生きていて，大人と子どもの境で自分の人生を模索していた。つまり社会の中でもまだ「役に立たない」存在であった。私は社会の中で大人として認められない生きにくさや，自立する苦しみ，大人の社会に融合したくない気分などを感じていた。また病気を抱え，専門家としてどのように生きていくかも見えないままであった。そのような私を見て，ちひろはお互いが困難を抱えながら生きている生身の人間であるということを感じていたのだろうと思う。

私達は同じ時代を生きることの大変さを共有し，この時代をどのように生き抜いていこうか，ともに模索していた。

③仲間

同じように訪問面接を行っている学生の仲間達は，私と同じように自らの対応に確信が持てずに迷っていた。しかし，そんな中でも彼らは訪問の中に少しの手ごたえを見出し，粘り強く関わり続けていた。彼らとのふれあいは“葛藤しながら関わり続けてみよう”“背伸びをしないで，肩の力を抜いて，自分らしく接してみよう”という勇気に繋がった。役に立たない空しさや自信のなさは苦しく，言葉にならないものであった。私はこのような苦しみを仲間も同じように持っていることを知り，彼らとの時間を過ごすことで孤立感を軽くすることができた。

心理学を学んでいる仲間が葛藤や迷いから目をそらさずにそ

こから何かを学ぼうとしている姿は，“学問によって自分が抱える無力感を払拭できるのではないか”という希望となった。専門家を目指し始めると，ケースについてだけではなく自分自身について率直に語り合える仲間ができた。彼らは専門家になるために自分の問題を見つめ，専門家になってもその問いを持ち続けていた。彼らとの会話は自分自身の洞察に繋がり，言葉にならない感情を表現する助けとなった。臨床の中で失敗が続いても，立ち止まらず学び続ける仲間の姿から，“私もあきらめずに学び続けよう”と考えることができたように思う。

④理論

訪問を開始した頃，私には「机上の勉強が何の役に立つの？」という子どものような感覚が残っていた。実際，理論を学んでもそれをどのように立ち居振る舞いに生かせばいいのか分からなかった。「ちひろがテレビを見ている時は一緒に見たほうがいいの？　それとも消すように伝えて話をしたほうがいいの？」このような問いに対する答えは偉い先生の講義にも本の中にも見出すことはできず，目の前にある迷いを解決するのに理論は全く役立たないように感じられた。ただ，仲間と専門用語を使って話すことは戯れのようでもあり，無力感を和らげる慰めになった。「知識のない素人にこそできることがある」という考えには勇気づけられたが，無力感に苦しむ私は“意味”を求めてさらに学ぶようになった。

1つの理論や技法に心酔し，それをすべてに当てはめようとしている時にはあまりうまくいかなかった。誰かの言葉を借りて話しているかのようになり，心が通じ合わないような感覚を持つことが多かった。知識として学ぶだけでなく，ちひろとのやりとりを通して理論について思いをめぐらすことが，実感を伴って身につけていくことに繋がった。理論をいくつも知り，ちひろについての仮説をいくつも想像しておくことができるようになると，時が来た時に面接の中でちひろにそれを投げかけて検証し，間違ったことは修正し，さらに事実を確かめていくということが繰り返されるようになっていった。

理論を作った人々の人生を知ることは驚きの連続であった。彼らは生きにくさを抱えた人間で，理論の裏にはそれを作った学者の葛藤があった。しかし彼らは病気や葛藤に苦しむだけでなく，その事実に正面から向き合う勇気を持った人間達であった。そして自らの苦しみを知的に理解することで，それを他者の治療に役立てようとしていた。理論を創案することは私にはできないが，私自身の苦しみを見つめることを治療に役立てるという考えは真似することができると思った。そして理論を打ち立てた人々の生涯は，自分の臨床家としての未来を描くための参考となった。

⑤スーパーヴィジョン（SV）

スーパーヴァイザーという心理臨床家を前に，私は“心を見透かされてしまうのでは”と不安を抱いていた。それどころか私の知らない私にまで指摘が及ぶのではないかと緊張感もあった。しかし同時に強い依存心も持っていた。自分のことを隠しておきたいのに分かってもらいたいと思い，ちひろとの出来事を報告する言葉を持っていないのに面接での苦労や無力感に寄り添って欲しいと感じていた。その相反する気持ちは切なさや怒りや寂しさとなり，心の中に渦巻いていた。この体験は，カウンセラーとクライエントが面接以外の時間にどれだけたくさんのことを感じ，気づき，変わっていくものかを味わう体験になった。

心理臨床家と言えど，他人の心理を透視して答えを導き出せるわけではないということは大きな発見であった。“ちひろの役に立たないといけない”という焦りがあった私は，“先生にも分からないのだから自分に分かるはずがない”と居直り，結局は自分で苦しみながら考えるしかないという気づきが，ちひろの苦しみをともに味わい，変化を待ち続ける姿勢を育んだと思う。

役に立っていないことを先生から非難されないことは当時の私にとっては驚きであった。ケースの変化について指摘されると，少しは役に立っていることがあるのかもしれないとおぼろげながら感じられるようになり，面接の中で起きた出来事を建設的に考える態度が生まれた。ケースについて少し先の見通しを得ることで不安は軽くなり，視野を広く持つことにも繋がった。多量服薬やリストカットなどの危機的状態については，その予防や対応を知るだけでなく，自分自身が守られている感覚を持つことが面接の場での動揺減少に繋がった。

ちひろと私の関わりをスーパーヴァイザーとともに見つめることは，私自身の考え方やあり方を洞察する機会となった。不安を抱え支えられながら，自らの未整理なものを発見し，向き合い，成長することができたように思う。

最後に，ちひろからの手紙を載せる。

ちひろからの手紙

N先生へ

先日は，お手紙と原稿を送っていただき，ありがとうございます。

こちらは，だいぶあたたかい日が増えてきて，△△市に来たのがちょうど桜が満開の時でしたので，月日の経つ早さにびっくりしています。日々，いろんなトラブルがありますが，周りの人に助けられながら乗り越えています。

責任ある立場になって，大変なことも増えましたが，自分が必要とされること，評価されることに，恐れずに喜びを感じることができるようになりました。……なんて，かっこよく書きましたが，もちろんメソメソすることもあります（笑）。好きなことをしたり，家族や友達に電話したりと発散しています。

最近，自分のコンプレックスと向き合ったことへの答えのようなものが意図せず，やってくる出来事が続いています。

ひとつは，小中学校の同級生の○○ちゃんの結婚を機に，ずっと言いたかった感謝の気持ちを伝えられて（中学校の時，たくさんフォローしてもらったことへの），助けてもらってばかりといううしろめたさがなく，これからも友達でいられる嬉しさを実感したこと。そして結婚式で，小中学校のずっと会っていなかった同級生に会っても，動揺せず，それぞれの人生を歩んでいることを喜べたこと。

ずっと連絡を取っていなかった□□ちゃんとまた連絡を取るようになって，お互いのことを自然に気遣うことができるようになったこと。などなど……

自分の中だけでは解決できない，相手があってこそのモヤモヤが晴れることがたくさんありました。

Ｎ先生に本当に長い長い時間をかけてたくさんお手伝いしていただき，グチャグチャにこんがらがった心をほどいて，自分の心地良い居場所を確保できるようになって，そこからさらにステップがあったんだなあと気がつきました。

前置きが長くなりました。

原稿を読ませていただき，ただただ涙が止まらず，客観的にもう一度読もうとも思ったのですが，自分のことなので客観的にはなれないかなと思いなおし，感じたことを書かせていただきます。

読み終わって，ホッとしている自分に気がつきました。N先生の気持ち（感じていらしたこと）を，今，知ることができてよかったと思いました。

たくさん苦しめて，傷つけて，悩ませてきたはずだと頭の中では分かっていても，思いやることができなかった。会えなくなることに恐怖を感じながらも，自分のことを否定して拒絶されたいと思っていた。どうしようもなく依存していたのに。

N先生が苦しみながらも，それを面に出さず，私と向き合い続けてくださったことに，本当に感謝してもしきれません。

ごめんなさい。ありがとうございます。文章で書くとなんだか軽薄ですね……。ちゃんと伝えたいのですが。

あとは，自分のことながら，“ちひろ”がサスペンスホラーに出てくる少女の様で怖かったです。冗談ではなく，本当に恐ろしいと感じます。

真剣に書けば書くほど，不真面目な文に見えてくるのはなぜなんでしょう。

伝えることはいつでも課題です。

長く拙い文章，お許しください。季節の変わり目，お身体ご自愛くださいませ。

お元気で。

終結後３年目の３月に

共同作業という視点から

ケースから学ぶ　その3

ケース4は，初学者だった訪問スタッフがクライエントの抱える問題の解決に向けて，あたかも共同作業をするような感覚を持った事例である。あまりに大きな喪のテーマについては対応は無理であったが，学校をどうするのかという具体的な作業を一緒に遂行していくという流れの中で，訪問スタッフはクライエントの心を支えたと言えるであろう。このケースについても，出版を機に，クライエントの母親に連絡を取ることができた。そして，母親から手紙をもらい，その手紙の掲載についても許しをいただいた。手紙はケースの最後に掲載した。ケース担当者は，この手紙に勇気づけられ，書こうかどうか迷っていた部分の加筆を行った。いただいたものは勇気だけではない。真実を伝えることの大切さとそれを果たす責任の重さについて深く考えさせられるメッセージであった。

ケース5は，結果的にはそれほど役に立てたという実感の持ちにくい流れであった。あまりに重い，そして深い家族の歴史がそこに大きく関与していたのかもしれない。訪問スタッフの困り感は，他のケースにないほど大きなものであったと思う。

ケース４　不登校から思春期モーニングを扱うに至った事例――*訪問者としての「関わり」に専念したケース*

藤原　唯

《美里　女子　15歳（初回訪問時は中学３年生）》

【事例概要】

私立中学校に入学した春に，父親が急死。中学３年生の２学期頃より不登校状態になる。家族は母親と妹の３人家族。

美里は，訪問依頼のあった当時，不登校状態にあり，自宅にひきこもりがちになっていた。在籍校が私立ということで，出席日数の問題から高等部への進学ができなくなったため，転校（高校進学）を考えることになった。当初の依頼目的は，転校・進学のためのサポートであった。私（以下，訪問者）が美里の担当となり，彼女の自宅を訪問した。訪問のマネージメントと母親のフォローをスーパーヴァイザーのＴ先生が行った。

【訪問経過】

第１期（＃１：Ｘ年12月～＃18：Ｘ＋１年４月・約１週間に１度の訪問ペース）不登校状態からの回復。本人と訪問者の関係の始まり

依頼の目的は不登校状態の現籍校からの転校をサポートすることであった。＃１の顔合わせでは美里は少し緊張していたものの，訪問者の質問にもしっかりと答えてくれた。打ち解けてくると笑いなども混じえながら話をすることができた。しっか

りとした子だなあという印象であった。「進学先のことを考えるようにと母親に言われている」ということから，早速，＃2には美里と訪問者の2人で，学校案内や受験案内などの本を見るため，近所の書店に足を運んだ。母親と一緒でなければ外出が難しく，来室相談が困難な状態であったが，訪問者をすんなりと受け入れ，短時間ではあったが一緒に外出することができた。そうして動き始めた彼女を見て，母親も張り切っていたように見えた。母親が訪問時に同席したり（＃4），訪問時間の終わり頃を見計らって電話をかけてきて進捗状況を尋ねてきた。しかし，当時の美里は母親のスピードについていけない状態に見えた。進学先をどうしようかという話になると，母親との葛藤を語り，母親とのやりとりの仲介をしてほしい，「第三者の話は聞くから」と言うのであった。実際には，母親と面と向かって進路の話をすること自体，まだ難しいように見受けられた。そうは思いながらも，一所懸命な母親に，美里の意向やペースを尊重していきましょうと，訪問者の私からは言うことができなかった。訪問者は，母親が彼女を追及しすぎず，また彼女がその場に踏みとどまるための緩衝材としての役割を何とか担っているという状態であった。同時にこの時期は，母親から，父親の死後，美里のことを気にかけてやることができず，「私よりこの子のほうがかわいそうだった」という言葉が発せられたり，美里も家事を手伝うようになるなどの母子間の歩み寄りが見られた時期でもあった。また，訪問開始前のひきこもっていた時期に懸念されていた，「霊」の話も話された（＃9）。父親が亡くなる数日前に金縛りにあったのが始まりで，昼間にも気配や物音を感じる。父親も「出てくる」し，望めば夢にも出てくるとのことであった。訪問中に，家の軋む音を「これです」等と言われて，訪問者はゾクゾクしながら話を聞いていた。しかし，第三者である訪問者に話したことで落ち着いたのか，それ以上の話の進展はなく，編入試験に合格し，転校先（私立の中高一貫校の高等部）が決まるとこうした話は全く語られなくなった（# 12）。そして，母親との関係を「赤ちゃん返りしてます」（# 13），「妹と母親の取り合い，不登校だから私のほうが有利」（# 10）と少しおどけて話すなど，自分自身をも客観的に捉えながら家族との新たな関係性を築いている様子が窺われた。

第１期の考察

訪問当初，訪問者ら「第三者」の存在が，この家庭に風穴を開けた。膠着していた進学問題が動き出し，煮詰まりそうになっていた「霊」の話が収束していった。「霊」のことは，思春期の危機というレベルで経過できたように思う。

この時期の美里の語り口は「頭のいいクールな女の子」という印象で，ともすると，自分の得意な分野を訪問者にも教えてあげましょうか？ という感じであった。母親と手を取り合ってでなければ外出できなくなっていたという状態と大きなギャップがあった。「自分は父親似。父親と自分。母親と妹というように分かれていた」と言い，小学校時代は「頭のいい子，クールな子」として，低学年の頃のいじめを脱し，対人関係をやってきたと語った。そして，中学入学時は，後に「学校の看板が大きすぎた」と語ったように，新しい集団の中で新たな自分を模索し始めた時期であった。その矢先，対人関係のお手本としていた父親が突然亡くなった。父の死について # 10 で「（亡くなって）１週間たったら，最初からいなかったと思うようになった」と語るなど，喪の作業に向かえるような状況ではなかった。彼女は，父親の死を扱うことも受け入れることもないまま，思春期というただでさえ難しい時期に，家族との関係の変化や同年代との学校生活を経験していかなければならなかった。不登校に至った経緯を本人と詳しく扱うことはなく，後日知ることになったが，父親の亡き後から，不登校に至るまでの彼女が置かれていた状況を思うと胸の詰まる思いがした。この当時，訪問者はここまで，美里の状況を思いやれてはいなかった。この後，美里と訪問者の関係は次第に“擬似友達”のようになっていった。

第２期（＃ 19：Ｘ＋１年４月〜＃ 39：Ｘ＋２年３月・１カ月に１，２度の訪問ペースへ）現実生活への適応

新しい学校への登校は，当初，母親との交換条件（「なるべく欠席せずに登校できたらペットをもう１匹飼う」)が励みとなった。そして，早い段階で，美里自身が友人関係を築き，学校生活の中に居場所を見出していった。そうした変化を受け，母親も訪問の必要性をあまり感じなくなってきており，彼女に訪問間隔をあけるように提案してきた。これに対して彼女は「なんでそんなこと言うの！」と反発をした（＃ 20)。この頃より，訪問者の前で，母親についての文句を時に楽しげに語る（＃ 23）など，母親との関係の持ち方に変化が見られた。しかし，学校生活は，半年ほど経過したところで友人関係に行き詰まりを生じ，休みがちになっていった。訪問時にも，友人関係の話題も増えていったが（＃ 25 以降)，それに対する訪問者の心配や助言を「大丈夫」と取り合わない様子であった。この頃，新しくペットを飼い始め（＃ 29)，訪問時にはこのペットを間にして過ごすことが多い時期であった。

第２期の考察

この時期，前半は登校も続いており，母親の訪問カウンセリングへのモチベーションも当然ながら低下し，訪問者自身も訪問の意義を測りかねていた。そうしたことを美里も察してか，

彼女の要望を受けて決めていた訪問ペースも学校が忙しいからという理由で，間隔があいていった。振り返って考えるとこの時点で，訪問者が彼女の変化していくことの大変さに気づき，踏みとどまっていたら，彼女の肩の荷を少しでも軽くすることができたのではないかと思う。この当時の訪問者は彼女が懸命に友人関係や学校生活を送っている様子から，どうにか乗り越えていけるのではないかと楽観的な気持ちでいた。今にして思うと，新しいペットの登場の前に「(すでに飼っていたペット) Ａは妹のペットだから」「自分のことだけを見てくれる人やもの，ペットが欲しい」と語っていたことにさまざまな連想が湧く。学校生活での孤軍奮闘の辛さ，そして，やはり「すでに飼っているペット＆母親」は妹のもので，自分だけを見てくれる人がいない，訪問者だけでは心もとない，父親という存在の喪失をも語っていたように思う。

そして，この時期，美里の思春期らしい成長の姿が随所に見られた。家族との関係性の変化は続いており，美里と母親の喧嘩が増えただけでなく，「タイプが違うから競争相手にならない」と言っていた妹とももめている様子が窺われた（# 37)。また，訪問者に心理学に興味があると語る（# 39）など，訪問者の取り入れも始まっていた。

第３期（# 40：Ｘ＋２年４月～# 55：Ｘ＋２年９月・１カ月に２，３度のペースの訪問）「死」と再生，思春期における自我の確立

進級に伴いクラス替えはあったものの，友人関係の行き詰まりは解消せず，まもなく不登校状態となった。こうした状況の中，この時期の当初（# 40 ～ 43）は，美里と訪問者は２人でペットをいじくりながらのんびりと他愛もない話をしていた。その後，出席日数が足りず，留年が決まり，彼女と訪問者は

各々，母親とスーパーヴァイザーに尻を叩かれるように動き始めた。「本当は甘えたいのに，友人に依存されてしまうほど強く出てしまう」「自分に求める基準が高くて，趣味も義務のように取り組んでしまう」（# 44）「母親はいつも一人でさっさと先に行ってしまう。最近は立ち止まってくれるようになったが，追いついたかと思うとまた先に行ってしまう」（# 45）「母親の勢いを止められるのはT先生（＝スーパーヴァイザー）だけ。そして，先生の鶴の一声を自分のいいように捉えて動きだしてしまう」（# 46）「（父親が亡くなった）4年前から，いや，ぶっちゃけ 16 年母親の支配下にある」（# 47）と，自分の友人関係の持ち方や母親との関係について彼女の思いが語られるようになった。その一方で，父親の代わりに一家の大黒柱となって働く母親をとても思いやってもいた。夕食時に「どこでもいいから学校に行って」と必死な思いで言う母親のために，帰宅時間を見計らって夕食の支度をしていた。訪問者は，スーパーヴァイザーにこうした彼女の気遣いを労うようにとの助言を受けた。訪問者の「君は本当に気を遣う子だね」という声かけに，彼女は照れたような笑みを浮かべていた。また，母親もスーパーヴァイザーとの面接の中で，こうした美里の気持ちに気がつき，彼女の心境を受け入れられるようになっていった。そして，彼女は，「母親から見える自分と自分で分かっている自分の状態は違っているけど，それを母親に分かってもらえなくてもいいと思う」（# 49）と語った。

訪問者は美里と通信制高校への転学についてより具体的な方向に話を進めていった（# 50 ～ # 54）。そして，このまま転学についての話が行き詰った時には4人（美里と母親，訪問者とスーパーヴァイザー）での面接をと検討していた矢先に，訪問時に母親が同席をした（# 54）。転学に向けての経緯を確認する中で「だって，ママが行けって言ったから」「じゃあ，ママが行けって言わなかったらどうしてたのよ」と次第に母子のやりとりは売り言葉に買い言葉とエスカレートしていった。「あら，雲行きが怪しくなってきましたね」と訪問者がやっとのことで口を挟むと，２人は話を収める方向に運んでいった。訪問者より「美里はとりあえず少しやってみようという気持ちになったところで，その気持ちを私は理解しています」と２人に伝えた。そして３人で話していくうちに，彼女は母親に甘えるような様子になっていき，それは訪問者が初めて見る彼女の姿であった。そして母親は最近の彼女の様子を「積極的に家事を担ってくれるから助かるし，彼女の生活にもメリハリが出てきた」と嬉しく思っていると語ると，彼女は恥ずかしそうな嬉しそうな表情を浮かべて聞いていた。母親としては，段々に新しい転学先にも慣れていってくれればいいと考えていること，そして彼女の受け答えが天邪鬼に思えるということが語られた。訪問者より，美里には慣れていくだけの力はあると思うこと，そして天邪鬼について「そういう年頃なんですねえ」と言うと彼女は嬉しそうに「そうなの」と返す場面があった。そして，転学を巡る４人での面接は，美里より「順調に進んでいるからいいです」という申し出があり，見合わせることになった（# 55）。スーパーヴァイザーによる母親へのサポートや訪問者の仲介を経て，母子はお互いに間合いがとれるようになっていった。

第３期の考察

この時期，訪問者は，美里が母親の死ぬ夢をよく見ているらしい，という母親からの話をスーパーヴァイザー経由で聞いていた。当時はその意味するところがよく分からなかった。おそらく，母親の意向に沿う形で決めた転校先を自分の意思（「学校の雰囲気が自分には合わない」）で辞めることにした時，母親の価値観に一体化していた自分が「死」に，新たな「自分」や「自分の価値観」が生まれたのではないかと思う。しかし，これは，中学入学を機に，それまで手本としていた父親を亡くす経験をしている彼女にとって，たとえ夢の中でも，母親をも失うことはとてつもなく恐ろしいことであったであろう。「母親から見える自分と自分で分かっている自分の状態は違っているけど，それを母親に分かってもらえなくともいいと思う」という彼女の言葉は，彼女の内的世界で起こっていたことを見事に表現する言葉であった。そして，この夢の意味については，後日，また新たな気づきを得ることとなる。

第４期（＃ 56：X ＋２年９月～＃ 65：X ＋３年３月・１カ月に１度のペース）終結期。自分らしさの獲得へ

１年ほど疎遠になっていた親友との付き合いを再開したとの話が出てきた（＃ 56）。転入した学校でも行き来する友人ができた（＃ 62）。また，これまでに在籍していた学校でも気の合う友人との付き合いは続いていた（＃ 59）。学校のカリキュラムも家事もマイペースにこなしていた。次第に，妹との関係が年齢相応（喧嘩もすれば，面倒も見る）になっていった。母親からの促しもあって，終結が話題に上り始めた（＃ 61）。美里は，訪問がなくなるのは寂しいが，親友との付き合いも再開し「もう大丈夫なような気がする」と語った。終結の時期を２人で話し合って決め，訪問を終了した。

第４期の考察

親友との付き合いは，趣味の世界を共有するもので，“擬似友達”の訪問者では共有し得ない世界であった。また，交友関係を広げていく彼女には，対人関係における幅が出てきたように思われた。自分の価値観に捉われすぎず，時に流されてみたり，留まって自分の思いを見つめてみたりと，母親との駆け引きや

訪問者との時間の共有がこれを育んでいたのかもしれない。こうした彼女は妹から見ても，もう充分に喧嘩も売れれば甘えることもできる「お姉ちゃん」になっていた。終結時，「移行対象」の意味合いもあった訪問者との別れに，彼女はしんみりと寂しさを表現した。当時の訪問者には，まだ自分の果たした役割が充分に咀嚼できておらず，彼女とその寂しさを共有することで精一杯であった。

【考察】

このケースを振り返る時，当時の自分のアセスメントや対応の拙さに赤面する思いもある一方，初心者だからこそできたことの意義深さも感じている。アセスメントについて，当時，スーパーヴァイザーからある程度のレクチャーを受けていたものの，やはり思いの至らないことが多かったように思う。今回，改めて振り返ってみた時に，「彼女の中で，結構，いろいろなことが起こっていたのかもしれないな」というのが正直な感想である。当時の自分の対応を見ると，毎回の訪問の中で，美里とともに揺れ，ともに立ち止まり考えている自分がいた。何の気負いも気取りもなく，“擬似友達”をしている自分に，少々懐かしさも感じる。おそらく，スーパーヴァイザーのアセスメントには，こうした私の力量も加味されていたのだろうと思う。このように理解されて抱えてもらえたからこそ，自分なりにでも彼女のことを受けとめられたのだと改めて感じる。

また後日談として，今回，この訪問の経緯をまとめる中で，彼女が最初の不登校に至った経緯と，父親が亡くなる前の家庭の様子を，改めて詳しく知ることができた。私立中学の進学校に進んだ彼女が，父親を病気で突然亡くしたのは，入学して2日後のことであった。当時の担任教師は，生徒の心に寄り添う教師で，彼女をサポートしてくれた。しかし，進級して担当となったある教科の教師は，スパルタ的に生徒を鼓舞する教師であった。彼女は苦手となったその教科の克服だけでなく，個人としての尊厳や父親を失った痛手をも大きく傷つけられる体験をしてしまった。それが，不登校状態になる直前の状況であった。多感で，ただでさえ超えなければならない課題の多い思春期に，大きなことが彼女の身に重なって起こったことになる。当時，こうした出来事は彼女から直接語られることはなかった。おそらく，私に対して「クールで頭のいい子」というところから関わりを始めた彼女にとって，尊厳が大きく傷つけられた出来事は語りにくかったのだろうと思う。また，不登校状態にある彼女に，その経緯をうまく尋ねていくようなことは，当時の私には無理なことであった。

父親が亡くなる前の一家は，母親が父親の仕事を手伝う共働き家庭で，両親は子育ても助け合いながら，家族一緒にいることを喜びとして生活をしていた。自然と父親と母親の役割分担ができている家庭であったようだ。第１期で「自分は父親似。父親と自分。母親と妹というように分かれていた」と語ったのは，前思春期に「自分らしさ」を模索していた時の彼女の思いだったのかもしれない。おそらく彼女にとっての母親は，愛情をたっぷりと補給してくれる存在だったのだろう。そうであるからこそ，父親譲りの「クールな子」として頑張ることができていたのだろうと思う。しかし，彼女は，私との話の中では，母親との相容れなさを多く語っていた。そのため，転機となった第３期の＃ 54 の転学に向けての話合いの中で，私は，彼女が母親に甘えていき，母親がやんわりとそれを受け入れていく様子を初めて見て戸惑いを感じたのである。しかしこれは，私のいないところや，以前には頻繁にあった関わりだったのであろうと思う。父親が亡くなり，母親が一家の大黒柱となって働くことになった時，彼女は父親だけでなく，それまでの母親も失ったのかもしれない。これまでのように甘えていていいのか，彼女の性格から，そして年齢的にも，そう思ったとしても不思議ではない。だから以前の母親を否定するようなことを言ったり，変わらざるを得ず変わっていく母親に相容れなさを感じたりしていたのではないだろうか。「母親が死ぬ夢」には，父親がいた頃の母親や自分が一体化していた母親は失ったが，これからは，今の母親と自分自身の価値観を持った新たな自分とでやっていくのだという意味もあったのだと思う。＃ 49の「母親から見える自分と自分で分かっている自分の状態は違っているけど，それを母親に分かってもらえなくてもいいと思う」という彼女の言葉は，その宣言だったようにも思う。こうした道の途中にいた彼女にとって，私はその足がかりの１つ（＝移行対象）になったのであろう。こうした後日談から，語られること，語られないこと，その真偽や有無だけでなく，相手の思いや背景の全体に，こちらの思いを巡らせていくことが大事なのだと感じた。

また，後日談の中で，当時は訪問の費用を捻出することが経済的に苦しかったということも知った。当時の私には，彼女の母親は，まるではじめから「バリバリやり手のワーキングマザー」であったように見えていた。そうした金銭面の苦労があったとは思いもよらないことであった。おそらく，彼女が受け入れようとしていた母親の一側面（＝一家の大黒柱として奮闘する母親）が，彼女に感情移入していた私にそう思わせたのかもしれない。また当時は若さゆえ，美里の心境に非常に近く，一所懸命な母親の関わりを，時に，彼女と同様に困ったなあと受け止めてもいたのであった。そして現在，私も当時の母親の年齢や立場に近くなった。母親の必死さ，切なさ，やりきれなさ，そうした思いを痛感するようになれたと思う。

当初の依頼目的であった，学校選びのサポートは２年余りの月日を経て達成したことになる。そして，その過程で彼女の成長をサポートすることにも多少の貢献はしたのだと思う。家族の同席もあるのが訪問カウンセリングの特徴であり，このケースでは，訪問者は主に，彼女とともにそうした事態に翻弄されることから始まった（第１期）。そして，彼女との関係ができていく中で（第２期），家族同席で起こる動きにも変化が見られた（第３期）。通常の個人カウンセリングでは，家族の力動を目の当たりにすることは通常はない。家族との関係性を直接的に扱いながら，環境調整をしたり，本人や家族の成長・変化に繋げていくことができるのは訪問カウンセリングの特徴であると実感した関わりであった。

この訪問カウンセリングでは，父親の死という喪失体験を直接的に扱うことはなかった。思春期・青年期の課題である「親離れ」「自立」では，愛着・依存の対象である両親に対する内的な対象喪失が生じるのであるが，このケースでは，この思春期特有のモーニングの過程において，実際に親を失うという対象喪失が起こっていた。そして母親との関係の変化も乗り越えたこの時期の体験が，彼女にとって，モーニングワーク（喪の仕事）の糧となっていることを祈ってやまない。

クライエントの母親から訪問スタッフへの手紙

終結から長い年月が流れ，今回の出版を機にスーパーヴァイザーから母親に便りを送った。何度か手紙のやりとりをした後，母親から訪問スタッフに手紙が届いた。許可もいただいているので，ここに掲載することにした。なお，クライエントの名前は，ケース４で用いた仮称に代えてある。

Ｆさんへ

ご無沙汰しています。お元気ですか？　お母さんになられたとのことおめでとうございます。

美里が，原稿に目を通すこと頼まれましたが，私が読んでも当時のことが蘇り，１日中気分が暗くなりました。今，妊娠中でもあるのでやめておきます。今回，美香（美里の妹）のことで美里に相談した時は，当時のことあまり覚えていないようです。人は思い出したくない記憶は，過去から消してしまうのかもしれません。忘れることができるからこそ，前に進めるのかも……

さて，本題ですが，あの原稿のことは誰を対象として書いたのか，せっかく書くのなら読み手に伝わるよう事実をきちんと伝えてください。同じように暗闇の中にいる方のお役に立つなら，私たち親子が目にしないなら。正しく伝えて中途半端な形にならないように。

忘れている部分があれば参考にしてください。

私たち親子は自他ともに仲の良い親子だと思っていました。主人は子どもたちをとても愛していて，時間が合えば家族４人で食事をしていました。これが我が家では普通のこと。

美里は私立中学の進学校を受験して，入学後２日目に父を亡くしました。友達もまだいない状態での出来事で辛かったと思います。パパは私でと表現するのは，美里は主人が好きで，塾のお迎えも時間があれば主人がしてくれました。美香が生まれてすぐに，主人は会社を辞め独立，私はその手伝いをしていました。共働き状態で，主人も，手伝える事はしてくれて家族４人の時間を多く取っていたと記憶しています。

突然の父親の死で美里は，勉強が手に付かず，とくに初めての英語はついていけなかったようです。中学１年生は担任に守られていましたが，２年生になると美里の状況を気にすることもなく進学校の英語教師は，授業中に，美里に「生きている資格がない」など，皆の前で罵声を浴びせました。登校できなくなった理由はこのことが引き金です。

私と手をつないでやっと外に出られる状態で，カウンセリングルームも一人では行けなかったと記憶しています。それで，自宅に来ていただきました。

その時私に残されたものは，１年前購入した家のローンが半分と，主人のやってきた会社の借金。私が大黒柱と社長となりました。私立の学費・英語の家庭教師・カウンセリング代が重かったです。今思うと，あの時もっとじっくり時間をかけてあげられたら，こんなに長い道のりを歩まずに，もっと早くに立ち直れたのかもと思いましたが，あの頃，私には余裕がありませんでした。

Ｆさんの印象は，大学を卒業したばかりのお嬢さん。先生というよりお友達のように感じました。学校を探すために２人で本屋に行ったことは，今思えば，初めての一歩ですごいことだったと思えるけれど，当時は，本屋さんに行くのに確か２時間くらいの請求があり，「次は，学校をゆっくり時間をかけて２人で探します」と言われた時，いったいいくらかかるのだろうかとあせりました。親は，子どもにご飯を食べさせないといけないから，経済的負担が一番辛かったかな？　全体像が見えず予算を組めないことへの不安がありました。

あの頃，美里には本当にお金がかかりました。行かない私立の学費の負担。普通の子の倍はかかったと思います。大学も卒業はすんなりいかず１単位落として半年遅れ，最後まではらはらドキドキ。でも，親も学習するものでこんな日が来るのではないかと予防線を張り，私の役目は大学４年までで終了，後は勝手にどうぞ。その後は父の残した遺産があったので自分でと伝えてあったため，半期分60万は自分で支払っていました。就職するとお金の価値が分かり，あのお金はもったいないと言っていましたが，私としては，生きていくために勉強させたかった事です。

２人の子どもをうつにしてしまうなんて……と人は言うかもしれませんが，この時間は今必要な時間だと認識しています。私たち親子は人が経験しないような事をして生きてきました。苦しいことを苦しいと言えない状況にあり，美里が父の事をなかったことにしたのは，思い出したら涙が止まらなかったからでしょう。私の苦しさも見てきたから，つらいことを隠していました。親子だからこそ相手を思いやり言えないことがあります。泣かなくてはいけない時に，泣けないなんて……悲しみは涙の量とともに忘れられるものです。それなのに，私のために２人の子どもは泣かずに頑張ったの。

訪問カウンセリングを受けてよかったことは，親子だからこそ遠慮したり言いすぎたりしてしまうことを，他人がそっと本音を聞いてくれること。本人も辛いけど家族も辛い。面と向かい，感謝の言葉が素直に言えない。でも，誰かを通して思いが聴ければ，きっと楽になり違う気持ちで前向きになれるはず。生きていてくれてありがとう。２人の成長にこんなにも感動するなんて……

闇の中にいると，何もかもが後ろ向きになり見える事が見えなくなる。当人も苦しいけれど，その苦しさを支える人も自分を責めて，生きている。こうなったのは私の責任……あの頃，私も今考えるとおかしかった。

T先生から,「お母さんも頑張ったわ。この状況で大変でしたね」と声をかけられた時，自分を責め続けた気持ちから，ふっと解放された事を思い出します。

訪問カウンセリングの効果は，どのように表現したらよいのか分かりませんが，静から動。動かない水面に一滴の水が落ち，輪がまわりに広がるような，そんな静かな心の動きがあります。

私が，このような状況にありながらたくましく生きてきたのは，カウンセリングルームの存在のおかげです。心配いらない，何かがあればいつでも行ける場所がある。保険のような存在になっています。

Fさんには，家庭の事情で中途半端に終わってしまいましたが，美里の背中を押してくれた一人として感謝しています。

文章を書くことは苦手で上手く表現できませんが，読む人に合わせて直してください。

暗闇の中で苦しむ子どもたちに，一筋の光を与えてください。その光を待っている子どもたちがいっぱいいるはずです。一人でも多くの人が救われることを願っています。

ケース５　中断－再開－中断となったひきこもりの事例――*臨床家としてのスタートとなったケース*

藤原　唯

《睦美　女性　21 歳》

【事例概要】

初回訪問時，21 歳。小学校時代より不登校状態となった。両親と姉の４人家族で，姉は初回訪問の年に仕事の都合で家を離れていた。数年前に一家で上京し，フリースクールに通っていた時期もあった。初回訪問の１年半後に７回訪問し，計８回の訪問カウンセリングを行った。

睦美は，自宅から外出することは少なく，家族との関わりがほとんどという生活であった。訪問カウンセリングの目的は，家族以外の人である訪問者と「まず一緒の時間を共有すること」であった。その媒介として，彼女が気にしている勉強に一緒に取り組んでみることを考えていたが，自己否定感のある彼女の負担にならないような進め方を考えながら，訪問を開始した。

【訪問経過】

＃１（X年６月４日）

睦美と両親が同席した。彼女は訪問者と一緒に見ようとかわいらしい置物を用意していた。どのようにこの時間を過ごしていこうかという話には，最初から母親も参加していた。母親から，訪問者の家族構成や住まいなどの個人的な事柄についての質問があった。すると本人より，これから何をしていこうかという話が出て，最初の話に戻るというやりとりがあった。そして，訪問者に対して「お母さんと喧嘩をしたことがありますか？」とか，「勉強に関して自信をなくしたことはありますか」などの問いが発せられた。これを受けつつ，本人からの近況を聞いていき，これからの訪問カウンセリングでは，勉強とか考えていることをまとめていくというようなことをしてみようと訪問者より提案すると,「勉強がしたいです」と明確な意思表示をした。父親は隣室にいて，話には入ってこないが，とても近い距離に両親がいることで，両親の様子も気になり，訪問者はとても緊張していた。

睦美と訪問者とのやりとりは,まず訪問者からの問いかけに,母親が「睦美ちゃん,○○かしらね」と彼女に投げかけ,それを彼女が復唱するという形で始まった。そして次第に，彼女は復唱した後に自分の考えを足していくような形になっていった。度々，訪問者の問いかけに対するレスポンスがかみ合わないこともあったが，訪問者から折り返しのレスポンスで自分の考えが伝わったと分かると少し笑みが浮かんだ。

事前にスーパーヴァイザーから説明を受けていたが，実際に会った彼女は少女のような佇まいで，訪問者は戸惑っていた。次回訪問の約束をしたが，訪問後，彼女は眠れなくなってしまったとのことで，母親から連絡がありキャンセルとなった。その後は,スーパーヴァイザーによりフォローの訪問が行われた。

この間，スーパーヴァイザーが不定期に訪問していたが，母親と話すことが多かった。そして，スタッフの訪問再開の依頼を受けた。母親は睦美のペースを守りつつ，訪問再開に向けて心の準備ができるよう睦美を支え続けていた。

＃2（X＋2年2月12日）

母親は風邪のため隣室で横になっていた。父親は居間にいる睦美と訪問者に背を向けるようにしながら台所で新聞を見ていた。睦美から「これを一緒にめくってもらおうと思って」と，お気に入りの日めくりのカレンダーが示された。２週間分止まっていたカレンダーを一緒にめくった。それから，訪問者が持参した折り紙の本を見ながら，一緒に折り紙を始めた。彼女から訪問者に話しかけるというよりは，独り言のように「どうしようね」とつぶやき，母親の仲介を待っている様子であった。父親がお茶を出してくれた際には，父親に一緒にいて欲しい様子が見受けられた。そして，訪問者の帰り際，彼女と一緒に見送った父親に対して,「今度は３人でゲームをしようね」と言った。

母親の仲介なしで訪問者と過ごすのは辛そうな様子ではあったが，父親には，はっきりと自分の希望を伝える様子も見られ，彼女の家族とのコミュニケーションの現状が垣間見られた。

＃３（X＋２年２月18日）

トランプなどの遊び道具が用意されていた。父親は外出しており，母親はまだ風邪のため隣室で寝ていたが，母親に促されて２人で遊び始めた。そして途中から，彼女が何をしたいかという希望を言うようになった。訪問者が前回，持参した折り紙の本を持ってきていることに気がつくと「この前の本だ」と嬉しそうに言った。この回より，本人の状態に合わせて予定変更がしやすいような予定（２回分の予定を用意しておく等）を組むように工夫した。

前回に続いて，母親との距離が物理的に離れていたことで，この回は，彼女から訪問者に関わろうとする様子が見られた。しかし，母親の体調不良は母親自身の支えも必要としているサインであり，スーパーヴァイザーからのサポートが入ることになった。

＃４（X＋２年２月27日）

ゲーム類が用意されていた。ゲームをするやりとりの中で笑いも出る。睦美は時計を気にしながら，「（訪問者に）訊いてみたいことを訊いてもいいかな？」と母親に確認し，促されて，訪問者に「自分のことや人のために，自分の思い通りにならなかったことがありますか？」と尋ねてきた。質問の意図を測りかねて，聞かれたことに答えつつ，質問の意図を尋ねたが，代わりに母親が「人それぞれいろいろあると思うと安心するでしょ。自分は自分でいいのよ」と言ったが，本人は当惑した表情を浮かべていた。その後，訪問者より「お話ししたり，こうして楽しく過ごしたり，いろいろするのが良いと思うよ」と伝えると，少し表情が和んだ。訪問者が送ってもらう帰り道，父親より，今日の訪問中，彼女が笑い，彼女から質問できたことを喜んでいること，いつも自分が話に入らないのは彼女から話をして欲しいからだという思いが語られた。

彼女からの問いかけの意図を明確にすることはできなかったものの，彼女の中にいろいろな思いがあることは窺われた。そして，その思いを一つひとつ扱っていくためには時間が必要であると感じた。しかしこの時，先のやりとりで困惑した彼女にかける適切な言葉を見つけることはできなかった。

＃５（X＋２年３月４日）

睦美の希望で近くの公園まで散歩に行くことになる。彼女の希望により，少し離れて両親にもついて来てもらった。訪問者からの問いかけに笑いも交えながら答え，帰宅してやりたいゲームがあるとの話も出た。散歩からの帰り道，今度は両親の後ろ姿を２人で見て，話しながら歩いた。帰宅後は２人でゲームをした。母親より，訪問者と過ごす時間はすぐに過ぎてしまうと本人が話していると告げられた。訪問者を送って行こうという母親からの提案を受け，最寄り駅までのバスに彼女と両親が同行した。他の乗客がいるバスの中でも緊張することなく彼女は話をしていた。彼女の願い通り，両親も行動をともにすることで，皆で楽しさを共有することができた様子であった。

＃6（X＋2年3月18日）

玄関の呼び鈴を鳴らしてもしばらく応答がなかった。母親に招かれて入室すると，彼女が出てきた。「洗髪ができてなくて……」という彼女に「大丈夫よ」と答えると笑顔になった。いつものように2人でパズルを始め，彼女から訪問者にどんなやり方でやるの？ との問いかけがあり，訪問者のやり方でやってみていると，母親が「睦美ちゃんのやり方でなくていいの？」と話に入ってきた。次回の予定を決める際には，母親からの意見が最初に出て，彼女の希望を聞くのに時間がかかった。すると帰り際，訪問者と2人になった母親より，このところ彼女の生活ペースが整わず，そのことを気にして，母親に訴えてくることが続いており，訪問直前も切羽詰ったやりとりがあったとのことであった。しかし，訪問者とのやりとりはこれまで同様に楽しくできており，彼女の中で内と外の使い分けはあるように思われた。

＃7（X＋2年3月25日）

睦美は起きられないということで，彼女の勧めで母親と訪問者は外でお茶をすることになった。彼女のペースに応じて両親も揃って生活リズムが整わず，心身ともに辛い状況にあることが語られた。母親は「これまで守ることはしてきたが，育ててやることができなかった」と繰り返し話していた。訪問者は母親の気持ちを充分に汲むことはできなかったと思うが，その後雑談をし，母親は楽しげな様子で気分転換にはなったようであった。

訪問当初からの課題であった，睦美の自己否定感，こうでなければという「枠」の強さが前面に出ている時期であった。母親はスーパーヴァイザーとの面接の中で気づいた，そうした彼女の「枠」を緩める関わりが，本人が本人らしくあるために大切であるということを，自分に言い聞かせるように話していた。

＃８（X＋２年４月１日）

睦美は昨日より食事がとれず，横になっているとのことであった。1時間起きているのも辛いことを，母親から訪問者に伝えて欲しいとのことであった。前回同様，外出して母親と話をすることになった。彼女はこうしなければという気持ちが強くなってきており，訪問を楽しみにしているのだが，楽しむ余裕がなくなっていると母親は説明した。彼女の意向「しばらく予定は入れないで欲しい。また来て欲しい時にはいつでも来てもらえるよね」を受け，訪問は中断することになった。

彼女の「こうしなければダメ」という「枠」が強く，両親としてはどうしたらその「枠」を緩めてやることができるのかと考えているとのことであった。そして，スーパーヴァイザーからの助言を受けて，「あの子の年頃を考えて，勉強というより，好きな習い事をさせたりしている。あの子もそういうことに気が向くようになることは良いのではないかと思う」と語っていた。スーパーヴァイザーとのやりとりの中で，母親自身の「枠」も少し緩んできたように感じられた。

【考察】

このケースは，訪問カウンセリングに適した事例であったと思う。それは，この当時の彼女にとって，来談形式のカウンセリングは難しい状態であったからということだけではない。訪問の初回から彼女と訪問者とのコミュニケーションは変化していく様が見て取れた。母親からの個人的な質問に戸惑っている訪問者を見て，彼女は話を本筋に戻してくれた。そしてすぐに，母親の仲介なしで訪問者に直接質問をしてきた。来談形式のカウンセリングでも母子が同席することはあるが，母親の意向で始まる時，このように最初から自分のためのカウンセリングであるという主体的な態度が見られることは多くはないように思う。さらに，家族との膠着しがちな関係を打開したいという意思も感じられた。ここで，訪問者に足りなかったことは，彼女が表現していた核心に気づけず，触れることができなかったということである。「お母さんと喧嘩したことがありますか？」「自分のことや人のために，自分の思い通りにならなかったことがありますか？」という問いは，まさに彼女が経験してきたことであり，今後，どう自分の中で取り扱っていけばよいかと思い巡らしていたことであったのだと思う。訪問者は，彼女の言動や外見など表面的な印象から，彼女を子ども扱いしてしまっていたのかもしれない。彼女が気づいていた彼女自身の根幹に関わるテーマを扱えなかったのは，彼女ではなく訪問者だったのだと思う。

訪問は彼女が自分自身だけでなく，家族を客観的に見る機会でもあった。家庭に第三者が入った時に両親はそれぞれどのような態度を取るのか，そうした親に対して自分はどうして欲しいと思うのか，おそらくこれも彼女の中で動き始めていたテーマだったと思う。散歩からの帰り道，坂道だから父親は母親の手を引いているだけという彼女に，夕日に映える両親のシルエットを見て，訪問者が「仲良しさんに見えるよね」と言うと，本当だと笑った彼女が印象的であった。

当時の訪問者に彼女の状態や心境を的確に見定めることはとても難しいことであった。このケースが短い関わりで中断したことを，そうした難しさのせいにしていたように思う。改めてこうして振り返ってみて，自分にはよく見えていなかった彼女の成長の可能性に思いを馳せている。

【総合考察：訪問カウンセリングにおける共同作業に関して】

訪問カウンセリングにおける共同作業とは，第一義的にはクライエント（訪問先の当人）と訪問者が，何かしらの目標・目的に向けて，面接の中で積み上げていくことを指している。そのような関係性の中においても，クライエントが面接の前後（訪問の場合には面接中も）に受ける家族の影響は当然ながらとても大きなものである。同様に，訪問者は，派遣元であるスーパーヴァイザーの影響を大なり小なり受けている。クライエントとその家族が，彼らの課題や目標に向かって進んでいくのと同じように，訪問者とスーパーヴァイザーも訪問カウンセリングを進めていくための「共同作業」者である。ここでは，私の担当したケースを訪問者の側の観点から，「訪問者とスーパーヴァイザーの共同作業」として総括したいと思う。

ａ．ケース４について

ケース４の訪問カウンセリングを，スーパーヴァイザーに依頼された時，私は仕事に就いて１年目であった。「私でいいのでしょうか？」という不安が真っ先に浮かんだ。それまでに家庭教師や不登校生徒のサポートの経験はあったものの，臨床の専門家であるスーパーヴァイザーの期待に答えることができるのかという不安は大きいものであった。この派遣はもちろん，有料であった。その金額も学生時代に家庭教師として手にしていた報酬と比べてかなり高いものであった。「先生（スーパーヴァイザー）がやってみてと言うんだから」とほとんど責任転嫁のような気持ちで飛び込んだというのがスタートであった。しかし，始まってみれば，当時，臨床の対象としていた年齢層に近いクライエントにすぐに親近感をもち，初心者特有の一所懸命さで必死に取り組んでいた。今にして思えば，私が見込まれていたのはそこだけだったのかもしれない。今回，改めて，このケースを振り返った時に，当時は見えなかったこと，理解できていなかったことがたくさん見えてきた。「なぜ，もっとスーパーヴァイザーは私に説明しようとしなかったのだろう？」とも思ったが，「説明されて，どこまで理解できたかな？」「もしかして説明されていたのかも……」というふうに，見え方や感じ方が大きく変化することを体験した。そして，この時の私にできる最大限の役割は，クライエントの同行者として一緒に悩み，迷い，本人が動き出せるまでの時間をともに過ごすことだけであったことを考えると，私にとって付け焼刃となる見立てや解釈はむしろ邪魔になるものだったのかもしれないと思えてきた。スーパーヴァイザーに，私の力量を含めて理解され，見守ってもらえたからこそ，自分なりにでもクライエントとともにいられたのだと，今は思っている。

ケース４の第３期に，再び不登校状態になる局面があった。まだ，力を蓄えている最中で，動き出せないクライエントと一緒になって，私は「停滞モード」になっていた。この時，スーパーヴァイザーから「転学先を調べておいて」と訪問開始時以来初めての具体的な指示があった。それまでは，クライエントへの接し方，母親の気持ちや母子間の状況など，心理面についての助言が主であったので，正直驚いた。この時「ああ，そうか，私が動かないといけないのだ」と思った。そして，留年が決まりお尻に火がついたクライエントとともに「よし，調べてみようか」と動き始めることになった。この時の私は，クライエントの半歩前にいるような感じであった。そしてこの後，第４期，終結の時には，クライエントに置いていかれる感覚を持っていた。ぴったり真横を歩いていると，案外，隣の人のことはよく見えないものかもしれない。スーパーヴァイザーに「尻を叩かれて」，ちょっと前に出たところから，クライエントと私の関係も動き出し，クライエントの気持ちも動き始めたように思う。クライエントとの関係とともに，面接の流れの緩急というものを体験した。ここには，確かに面接室の中でのカウンセリングとは一味違ったものがあった。訪問カウンセリングの中に内包される多重性や多様性というものの体験でもあり，訪問カウンセリングの持つ柔軟性と危険性にも思いを馳せる学びとなった。

ケース４の時点の，私とスーパーヴァイザーの関係は，私からすると，仰ぎ見るような感じであった。「期待に応えたい。もちろん，一所懸命にやる。でも何か私が失敗してもきっと助けてくれる」と，恥ずかしながら当時は本当にそう思っていた。こういう思いが少し変化してきたのが，次のケース５であった。

ｂ．ケース５について

ケース５の訪問カウンセリングについて，スーパーヴァイザーから依頼された時，私は仕事を始めて数年が経過し，臨床心理士の資格も取得していた。ほんの少し仕事の幅も広がって，職場でも後輩にあたるような人もできていた。「自分にできるのだろうか」という不安だけでなく「できるかもしれない」という自負もうっすらとあったように思う。

しかし，１回目の訪問の後すぐに中断となり，この思いはすぐさま打ち砕かれることになった。スーパーヴァイザーに責められはしないのに，真っ先に「私の対応がまずかったのではないか？」ということが浮かんだ。と同時に，「訪問は難しいケースだったのではないか？」と，スーパーヴァイザーのアセスメントへの疑問が浮かんだ。もちろん，そんな恐れ多いことを口に出すことはできずに時は流れ，１年半後に再度，訪問の機会がやってきた。「今度こそ」という意気込みとともに訪問カウンセリングが再開した。しかしながら，やはり毎回手探りで心もとなく，視界の周囲にモヤがかかっているような感覚があった。訪問時には，専門家らしくと，それらしい助言を母親に伝えたこともあったが，母親を虚しくさせるだけのようでもあった。再び，中断となる際に，母親はスーパーヴァイザーとのやりとりの中で気づいたこと（「あの子の年頃を考えて，勉強というより，好きな習い事をさせたりしている。あの子もそういうことに気が向くようになることは良いのではないかと思う」）を語った。当時は，「そんな当たり前のことが支えになるものなのか」と思ったが，今は，そんな当たり前のことだからこそ，母親の気持ちの支えになったのだと納得のいく自分がいる。

私に見えていなかったこと，それは，クライエント自身に自分の課題に向かおうとする力があったということだけではなかった。ケース５の家庭を取り巻く状況は複雑であった。スーパーヴァイザーは，説明をしてくれていたが，私の中でそれを咀嚼することは難しく，そういう背景のある彼女が目の前にいるというふうには見えていなかった。おそらくこのことが，私の当時の心もとなさ，不全感のゆえんだったように思う。

ケース５の時点でも，私から見たスーパーヴァイザーは，やはり尊敬の対象であった。このケースを通じて，こちらが良いと思ったものを提供できることが「専門家」なのではなく，相手に応じたものを提供できることが大事なのだと気がついた。そして，私も自分の頭で考えて，クライエントを取り囲む状況を理解しながら，クライエントに関わっていきたいと思った。すると，今まで，完璧で「困っている私を助けてくれる」存在だったスーパーヴァイザーが，臨床家の先輩というように少し身近な存在に見えてきた。

ｃ．共同作業について

「関与しながらの観察について述べよ」という設問が，臨床心理士の資格取得試験での小論文のテーマであった。最近，この仕事を続けていくために必要なものは，大まかに言うと「関わる力」と「見立てる力」なのだろうと考えている。おそらく，「関与しながらの観察」というのは，この２つの力のバランスがその臨床家の中で成立する時に初めて成し得る状態なのだと思う。

訪問カウンセリングにおいて，訪問者が初心者で，スーパーヴァイザーがベテランの場合，クライエント本人に「関わる」のは訪問者で，「見立てる」のは訪問カウンセリングをコーディネートし，訪問者を派遣するスーパーヴァイザーである。「関わる」ことと「見立てる」ことは分業制になるが，この２つの作業が連動していることが望ましいのだと考えている。実際に関わっている者が持つ印象や感触，直感は何物にも代え難いものである。スーパーヴァイザーは訪問者のそれを信じて判断することもあるであろう。また，時として，訪問者はスーパーヴァイザーの見立てを支えにして，訪問先に乗り込んでいくという心境になることもある。「関与しながらの観察」を共同作業で続けながら，訪問カウンセリングを進めていくというこの構造も，スーパーヴィジョン機能が担保されている訪問カウンセリングの大きな特徴であると思う。

私が担当したケース４では，何の迷いもなく「関わる」ことだけに専念していた。初心者にとってこのことは，現時点の自分にできることは何かを考え，今，この時に起こっていることに集中しやすくさせる。そして，考えたこと体験したことを持ち帰り，スーパーヴァイザーとの間で見直していくことで，ケースへの理解が進み，次の訪問に活かされる。しかし，訪問者も経験を重ねていく中で，自分なりの考えや「見立て」も持つようになるのである。ケース５で,私が感じた不全感の一部は,スーパーヴァイザーとのやりとりの中で解消できるものであったかもしれない。「なぜ中断してしまったのか」に関してスーパーヴァイザーはその考えを話してはくれたが，私は自分の思いを言葉にすることはできなかった。そして，その思いが自分の中に残っていた。初心者には，自分の考えや思いをベテランの先輩に伝えることはとても勇気のいることだと思う。言葉が足らず，失礼なことを言ってしまうのではないか，よく分かっていない人だと思われるのではないか，そんな不安で一杯になるのである。もしかしたら，クライエントも同じような不安を私たちに持っているのかもしれない。もう一歩踏み出して,当時,スーパーヴァイザーと話してみてもよかったと思うことを,今,自分なりに言葉にできたことが，今回ケースをまとめるという作業の過程で大事な収穫であったと思う。スーパーヴァイザーとの共同作業は，私のスーパーヴィジョン体験でもあった。

今回，自分の体験を振り返ってみて，捉え方が大きく変わる面や，残っていた思いを言葉にすることができ，より深く実感しなおすことができた。ともに「共同」作業を行った人達――クライエントとその家族，訪問者，スーパーヴァイザーは，その当時，ある種の「共同体」であったのかもしれない。訪問カウンセリングは，当時，クライエントとその家族をサポートしただけでなく,今の私にも多くの実りを与えてくれている。今,「関わる」ことも「見立てる」ことも何とか一人でやっている私を支えてくれるのは，このような「共同体」の一員として得た実りであると深く実感している。

多様な訪問カウンセリング

ケースから学ぶ　その4

不登校事例における訪問カウンセリングが数的にも多いことから，ケース５までは不登校事例である。また，訪問者は若いスタッフという共通点もあった。

しかし，訪問依頼は不登校以外にも多様化してきていることから，不登校以外の３つのケースを紹介したい。この３つのケースでは，ベテランの臨床心理士が訪問スタッフとなっているという共通点がある。

ケース６は，喫茶店での面接という，一般的にはあり得ない設定になっている。ケース７では，家庭への訪問時にクライエント以外の家族が家にいないという設定になっている。これらは，治療構造という観点から難しい問題を孕んでいる。ケース８は，治療構造には問題はないが，ケース自体が非常に難しいものであった。

ケース６　喫茶店での面談

寺沢英理子

《寿子　女性　70代》

【事例概要】

クライエントは夫を家で介護している。介護の現実的な苦労と将来への不安感について，誰かと話しながら整理することが必要であった。

広告を見て連絡した旨が留守番電話に残されていた。折り返し電話をすると，夫の介護をしているので，長時間家を空けることはできないと訪問カウンセリングを希望された。しかし，家で話をすると夫に聞こえてしまうので，外での面談を希望。静かで人の少ない喫茶店があるので，そこでお願いできないかという提案があり，考えた末に承諾した。

ある気づきを得て，実際に日々の中で変えていってみようと寿子が思えたことがあったため，１回の訪問で様子をみることになった。

【訪問経過】

寿子の自宅の最寄駅で待ち合わせて喫茶店に向かった。訪問者の印象では，寿子は家庭からしばし離れて落ち着いた喫茶店に友達とお茶をしに行くかのように，どこか楽しそうにも見えた。訪問者への気遣いもあるとは思うが，何を注文しようか考えている寿子は日常から少し解放されているようであった。

夫の介護に関しては，自身が担うことは覚悟している感じであった。夫が他人が家に入ることを好まないので，ヘルパーを頼むこともできないでいるということであった。そこには，夫と話し合いをすることができない夫婦関係の問題も見え隠れしていたが，そこに大きく踏み込むことはしなかった。今回のカウンセリングで，寿子自身も他人に助けてもらうことへの抵抗感があったことに気づいたことは，何よりも大きな収穫であったと思う。

日常生活を営むために，寿子自身もいつか誰かの助けが必要になる日が来ることへの不安は大きなものであった。夫の介護において他者の力を借りる練習をしていくことは，将来の不安を多少なりとも軽減できるようになるかもしれないというような話をしているうちに１時間が経ち，終了となった。

寿子は，夫よりも自分のほうが，他人に頼るということに関して抵抗感が強かったということに気づき，少しずつ受け入れていってみると言い，とりあえず，次回の予約はしなかった。他人に頼ることに抵抗感のある寿子が訪問カウンセリングを依頼したということは，日常がかなり行き詰っていたということであろうし，寿子の大きなチャレンジでもあったのであろう。

【考察】

この訪問カウンセリングでは，自宅など他者から閉ざされ守られた空間ではない喫茶店という場面で行ったという点では，やはり応用編である。しかし，寿子にとっては，介護に明け暮れる夫と二人きりの空間からしばし離れる場所としては悪くはなかったようである。実際に，電話の際に説明されていた通り，お客も少なく，ある程度プライバシーを保てる空間であったことは幸いであった。

寿子自身の中に強くあった依存することへの抵抗感に気づいたことから，実際に頼めることから他者の力を借りてみようと思えるようになったことは，今後の生活には重要なことであったと思う。しかし，寿子はすでに訪問カウンセリングを依頼してきており，私がお会いした時点で寿子は他者の力を借りる試みを始めていたことになる。訪問者とそのことを確認したことが，今回の訪問カウンセリングの中心テーマだったように思う。すでに，寿子の中でうすうす気づいていたことであったので，１回のカウンセリングで大きな気づきを明確にすることができたのだと考えられる。

自宅介護にもさまざまな行政のサービスは整えられているが，それらを受けることへの抵抗感というものへの対処には，サイコロジストの出番があるのであろう。自立して生きてきた者が，老いてあるいは体が不自由になって，再び他者の手を借りなければならなくなるという事態を受容することは簡単なことではない。乳幼児の時に他者の世話を受けることがあれほど心地よいものであったにもかかわらず，自立後に自分の希望とは関係なく他者の世話を受けなければならなくなるということは，サイコロジストの援助を必要とするほど大変な課題となることがあるのであろう。重要な援助のテーマであると思う。

ケース７　複雑な訪問依頼経路を持つ事例

寺沢英理子

《カナ　女性　30代》

【事例概要】

クライエントは夫との関係性もあって不安定となり自傷行為が止まらなくなっていた。両親はカナのことを心配して医者探しからセラピスト探しまで一所懸命力を貸していた。夫との関係という要因はあるものの，本来カナ自身不安定さを持っており，やや重そうな病理も見え隠れしていた。

両親が探した医者から紹介されて，父親が申し込みの電話をしてきた。カナの意向を確認すると，カウンセリングルームまで行くことは無理だが，訪問してくれるのならば話をしたいということであったので，訪問することにした。ただし，カナの希望でその時両親にはいてほしくないということで，カナが待つ，カナのマンションを訪ねた。
　しかし，カナ自身のカウンセリングへのモチベーションはいまだ高くはなく，離婚という現実的な一区切りを迎えたところで終結となった。

【訪問経過】

　マンションに着くと，部屋の中はかなり雑然としていた。不潔な印象ではないが，2LDK の広くはない空間に物があふれていた。それでも，訪問者が座るスペースはなんとか作っておいてくれたようで，訪問者は勧められた場所に座った。カナは，大きなマグカップでお茶を出してくれた。
　カナもマグカップを手に持ちながら，一カ所に腰をおろして話し始めた。どうしても自傷行為が止められないと。かなり歳の離れた夫とは長く付き合い結婚したが，夫がカナの不安に対処しきれないようで，カナの自傷行為は悪化していったようであった。
　２度目の訪問時には，歳の離れた夫，両親と，３人の親がいるような構造にカナ自身も気づき，父親との関係が満足のいくものではなかったので今の夫が必要だったということを理解したようだった。実際に，両親だけではカナを支えきれなかったことも事実であった。
　しかし，頭の良いカナは早い洞察を得たが，面接の流れから考えると早すぎる展開であった。カナは離婚という現実的な行動を起こし，問題は解決したからと訪問カウンセリングを終わる決心をした。

【考察】

　この訪問カウンセリングでは，30 代の女性であるにもかかわらずカナ本人からの依頼を受けないまま訪問となった。カナも望んではいたが，あくまでも予約を取ることに関しては，自ら関わってこようとはしなかった。これも，本来のカウンセリングというものの性質を考えると，やはり変法である。とくに，訪問カウンセリングというのは，クライエントの生活の領域に踏み込むものであるから，ここのところは慎重であるべきと考えている。また，E•R•I カウンセリングの原則として，訪問の際には家族が在宅であることを挙げているが，今回の訪問はカナ一人のところへの訪問となっている。紹介してきた医者からの情報と父親からの情報によって判断したのであるが，訪問時，この点への緊張感は強く持っていた。やはり，基本的には慎むべきであると思う。

また，申し込みの際に父親と話した印象としては，一所懸命ではあるが，どこか少し問題の焦点や対応がずれていると感じられた。また，カウンセリングの合間に父親からカウンセリングルームにファックスが送られてくることがあったが，父親がカナに対峙できない様子が浮き彫りになっていた。このことこそが，カナのぬぐいきれない不安や満たされなさの元凶であろうと思われた。そして，カナ自身，カウンセリングという構造の中で押し込めていた父親への物足りなさや怒りというものを見つけそうになってしまい，あわてて別の次元での解決を図りカウンセリングを終わりにしたのだと考えられた。

この終結は問題の先送りにすぎないが，カナにまだ準備ができていなかったという点を加味するなら，早すぎる洞察の展開を止めたというポジティブな意味も認めなければならないであろう。また，カナは父親がカナが望むようにはなれないという父親の限界を知っていたようにも思う。カナは，こうやっていつも父親を守ってきたのかもしれない。

カナが，父親との関係性の中で成し得なかったこころの作業を，いつかどこかで始めてくれるように思う。なぜなら，カナにとって，カウンセリングの体験は，こころの作業という面では役立つものと感じているであろうという手ごたえは得られたからである。

ケース8　治療に繋がりにくいクライエントの事例

寺沢英理子

《幸子　女性　30代》

【事例概要】

幸子自身も自分の状態を持てあましていたが，同時にクライエントに無理難題を押し付けられる両親も困り果てていた。

幸子は20代半ばから，いろいろなことが上手く運ばなくなった。こだわりも強くなり，思い通りに事が運ばないと強い混乱に陥るようになった。外出も難しくなり，両親にさまざまなことを要求するようになっていった。時に，要求だけではなく，過去の両親の言動をあげつらっては，謝罪を求めて両親が眠ることを許さないという行動もしばしばであった。

幸子は，時折，自ら治療を求めるのだが，治療者と関係性を構築することができず，何人もの治療者に対して不満を持っていた。

両親がかかっている医師から紹介されて，父親が申し込みの電話をしてきた。幸子も訪問を望んでいるということで，訪問することになった。幸子は，実家を出て一人暮らしをしていた。訪問時は，両親が幸子の家に来ており，カウンセリングの間，両親はリビングで過ごしていた。訪問先の住所や道順を知らせる連絡もすべて両親が行っていた。

【訪問面接】

マンションの玄関で訪問を伝えると，父親が玄関まで迎えに来た。幸子の家に入ると，母親と幸子が出迎えた。私は一室に通され待っていると，幸子はリビングに一度戻ってから，両親に付き添われるように部屋に入ってきた。その部屋のドアを閉めることはなく，何となく，両親の気配も伝わってくるような設定の中で面接は始まった。

「これまで，いろんな治療者に会ったが，みんな最低，酷い治療者ばかりだ」と話し始めた。あらかじめ，両親から状況を伺っていたが，私は治療継続自体がなかなか大変なクライエントだと再認識した。同時に，この訪問自体も継続にならない可能性が大きいのだろうと思った。

少しずつ，幸子は自分の苦しい状況を話し始めたが，私が確認の質問をしようものなら，それだけでも声を荒げて怒り始めるのであった。それでも，初対面ということと，幸子なりに新しい治療への淡い期待もあったようで，ゆっくりとしたペースではあったが，わずかな対話が紡がれていった。しかし，全体的には，幸子は自分のペースで，自分の関心事を語り，時には，そのような語りの中にあって私に答えを求めて来るのであった。

明らかに，精神病の未治療の状況に苦しんでいるクライエントの姿であった。訪問カウンセリングという形態ではあっても，幸子と繋がることは難しいと判断されたし，何より，精神科の治療に繋がれないことが，訪問を続けるか否かの判断をさらに難しいものにしていることは事実であった。

幸子のペースに合わせているならば，初対面の私に暴言を吐くようなこともなく，ぎりぎりのコントロールをしていることが分かった。幸子は，２回目の訪問も希望した。

２回目以降の訪問では,「質問しないで」などと私の自由を奪いながら，そのような状況下で私に同意を求めたり意見を求めたりということが明らかに増えていた。両親をコントロールしている方法を早くも私にも向けてきた印象であった。そこで，私はクライエントを過剰に刺激しないよう配慮しつつも，クライエントのこれまでの生活や病状の経過などについて少しずつでもいいので聞かせてほしいということを伝えた。こちらの枠組みには乗れないようで，やや混乱した口調で私の提案を繰り返していた。ある回の終わりに，いつもの幸子の混乱を見て，私は次の日程については落ち着いたら連絡をもらうということにして,約束をせずに訪問を終えた。私との数回の面接の中で，新しいクリニックの受診についてクライエントが前向きな態度も見せていたので，私としては，なんとかクリニックに繋がってほしいと祈るような思いであった。その後，幸子から訪問依頼の連絡は来なかった。

【考察】

30代の女性であるにもかかわらず幸子本人からの依頼を受けないまま訪問となった。幸子も訪問カウンセリングを望んではいたが，あくまでも予約を取ることに関しては，自ら関わってこようとはしなかった。いや，予約を取ることに関しても，両親に連絡をさせるというコントロールが見え隠れする。これも，本来のカウンセリングというものの性質を考えると，やはり変法である。このケースの場合，両親が必ず家に居るという約束がなされたことから，訪問を実施してもよいという判断があった。

幸子は，自分の思い通りに相手が対応してくれる間はなんとか関係を繋ぐことができるが，要求は一方的で徐々にエスカレートすることから，その関係を長く続けることはできなくなる。その中でも，両親は関係を断つこともできないため，幸子の要求に振り回され疲弊していた。それでも，幸子の場合，別の家に住むようになっていたことで，両親は眠りの時間は確保していた。この点は救いであったと思う。

幸子は医者の往診を受けたこともあったが，それも継続とはなっていない。精神科医療に繋がれないクライエントが年齢を重ねていく場合，両親の高齢化という問題も重なってくるので，徐々に深刻化していくことが多い。しかし，逆に言えば，両親にある程度の経済力や抱える力があるから，未治療でもなんとか家族の中で抱えているということも言えるであろう。幸子もまさにそのようなケースであった。

さて，このような場合，訪問カウンセリングという枠組みで関わる時，どのような方向性があるであろうか。数回は，幸子の希望に合わせて会うということが普通であろう。未治療のクライエントであっても，他者をあまりコントロールしないクライエントの場合には，そのような対応をしばらく続けながらクライエントに安心感を持ってもらうということを試みることが多い。ただし，この場合も，訪問カウンセリングという形式から料金が高額なので，訪問しながらもその家族からの期待に応えられていないという感覚は抱かざるを得ない。幸子のように，ある意味初回から，そして回を重ねるごとに一方的なコントロールを強めてくるようなクライエントの場合には，治療構造そのものを壊される危険性が初期の頃から明確に現れてくる。訪問という緩やかな構造であっても，いや，時には訪問という緩やかな構造であるからこそ，受けられるクライエントと受けられないクライエントとを判断することが重要である。

今，振り返っても，幸子との関係をもう少し続けることができなかったものかと自問することはあるが，幸子の状態を考えると，少しでも早く精神科医療に繋がる可能性を模索し後押しすることが最善であったと思う。その点，幸子は私に質問を禁止するなど不自由に拘束しながらの関係性ではあったが，その中で，幸子がある精神科クリニックを受診することを考えていたので，その具体的な行き方などについて幸子の考えをサポートできたことは，最優先課題への取り組みであったと考えられる。

幸子の事例だけではなく，未治療の精神病と思われるクライエントの家族からの訪問依頼は結構多いのである。しかし，ここには精神科へ連れて行けない状況がある家族にとってはあまりに頼りにならない精神科医療の現実が背景にあることも多い。精神科医療に繋がれるようお手伝いできる場合には，訪問カウンセリングの意義も見出されるが，そうでない場合，カウンセリングというものの限界が大きく立ちふさがることになる。また，精神病でなく，思春期の大きな揺れ，時に暴力を伴うような事態には，警察の介入も考えられるが，その場合にも，事前の打ち合せがなく警察が帰ってから親が怪我をさせられるというケースも少なくない。閉ざされた家庭の中で，助けのない状況に置かれている家族は，わずかな期待を持って訪問カウンセリングの門を叩くのかもしれない。これからは，さまざまな職種によるアウトリーチとの連携がますます課題になると考えている。少年サポートセンターでも家庭内暴力に対してアウトリーチは行っているが，幸子の事例の場合には，やはり繋がることが難しいかもしれない。

さまざまな他職種との連携とその「タイミング」の選択は，このようなケースには重要なポイントである。

まとめ

1．ひきこもりの事例を振り返って

ケース1からケース5は，ひきこもりの事例という共通点がある。年齢は中学生から20代までとさまざまであったが，親の思いや親とクライエントの関係性がセラピーの進展に大きく影響を与えていることが分かる。いずれのケースにおいても，親が連絡をしてきている。ひきこもっている本人たちも大変であるが，親も必死である。この5つのケースからも，ひきこもりのケースにおいては，親の思いや対応が経過に大きく影響することが分かるであろう。

ケース1，ケース3，ケース4は，親子ともども葛藤があり大変ではあっても，そこに訪問者という第三者が登場することによって，お互いに気づきや変化が見られた。そして，家族全体の力で，ある方向を見出していったと言えるであろう。

ケース2は，訪問カウンセリングの依頼があった時点で，すでに両親はクライエントを置いて家を出ていた。ここには，そうせざるを得ない家族の歴史があり，そのことを軽々しく非難することはできない。クライエントは訪問者の存在に多少は支えられながら，このような家族関係の中で大人になっていくことを受け入れ，ある種の悲しみを引き受けていったように思う。

そして，クライエントからみて親のアリバイ作りとしての訪問者を断り終結とした。このように，クライエントの意思を訪問者に明確に表明したことから，難しいケースではあったが予後は悪くないのではないかと感じた。

このケースにおいて，この先の家族全体の問題を取り扱うとするならば，クライエント以上に両親とセラピストが繋がることに大きな問題が生じたであろう。クライエントはこのことを十分に知っていたように思われる。クライエントは，母親を求めながらも，家族の状況の中でこれ以上母親に，まして父親に変化を求めることは無理だということを心に収めたということである。ある意味，親が限界を示したことによって，クライエントが変化したとも言える。先に示した３つのケースとは色合いが異なるが，親が可能な形でクライエントと対峙している姿がある。つまり，親自身の限界をも示しながら，子どもがぶつかって超えていく壁の役割を果たしているという点で，他のケースとの共通点があった。

では，ケース５はどうだったか。ケース５の両親も必死であった。いや，必死すぎたのかもしれない。両親の人生がクライエントによって変えられすぎてしまったという意味で,「抱えすぎた」という表現が適切なのかもしれない。別の表現をするならば，親の人生と子供の人生の区別がなくなるほど必死になっていたように思われてならない。実際には，訪問者による訪問が終わったあと，何度か両親がカウンセリングルームに来られており，親子の分離のテーマについての介入も行っている。しかしながら，クライエントの状況改善がみられるところまでのフォローはできなかった経緯がある。

この問題は，訪問カウンセリングに特有のことではないと思われるが，訪問カウンセリングによってクライエントと家族の関係がより顕著に見えてしまうということからの考察である。ひきこもりの事例において，親の関わり方や親の生き方がクライエントの成長に及ぼす影響は大きいという，ある意味当たり前のことが確認されたと思う。親は必死になるし，必死になったほうがいいのだが，親自身の人生をも大切にすべきである。そこでのぶつかり合いは，むしろクライエントの成長に欠かせない要素となるのだから。

このように書いたからといって，ケース５のクライエントの両親の問題を一方的に言い立てる意図はないことを付言しておきたい。すべての家族には長い歴史があり，さまざまなことがあって今の状況に至っているのである。この点を私たちは忘れてはならない。

２．訪問カウンセリングの終結

来室形式の心理療法においても，終結の仕方はもしかしたらケースの数だけあるのかもしれない。それほど，終結をめぐる考え方と議論は多いように思う。そして，実際の臨床の場においては，ますます理論のようにはいかないものである。

訪問カウンセリングにおける終結も同様に多種多様である。そして，そこには訪問カウンセリングならではの要因もあると思う。やはり，クライエントがカウンセリングルームに来る形式より，家庭にセラピストが行くという形式のほうが，家族全体にとって負担が大きいように感じられる。家族も在宅しなければならないし，掃除もしなければならない。家族にとって，クライエントの問題が多少なりとも軽減してくれれば，かなりのことを犠牲にして，時間と場所を提供し続けることは難しくなるであろう。そこには，当然，高い料金も相当大きな要因として働くことは間違いない。この結果，家族にとっての優先順位が下がっていくことは，むしろ正常なことであると思われる。

ケース1，ケース3，ケース4は，ほどほどの終結と考えられる。もっとできたことがあったのかもしれないが，クライエントも家族も訪問者も「終わってもよいのではないか」と感じられる何かがあったと思う。ケース3，ケース4では，終結後のクライエントの状況を知ることができたが，その点でも終結の判断が支持される。

ケース2に関しては，やや心残りがあることは否めない。クライエントに,「やっぱり大人は信じられない」という思いを残してしまった可能性がある。しかし，家族も一緒にいられない状況にあったクライエントにとって，受験期という不安定な時期をたとえわずかな時間ではあってもともに過ごすことができる他者の存在は大きかったことも事実であろう。

ケース5は，なかなか判断が難しい。医療への連携もあったが，このことも含めて難しいケースであった。今回はこの経緯には触れずに，8回の訪問を丁寧に振り返ることで留めたいと思う。

ケース6，ケース7，ケース8は，訪問カウンセリングそのものの裾野を広げたケースとして紹介した。終結という観点よりは，これらのケースを通して，さらなる可能性とともに多くの課題も見えてきたことに着目したい。

3．訪問カウンセリングのこれから

臨床心理士も，かつてとは比較にならないほど，面接室から出かけていくようになったのではないだろうか。時代の要請もあるし，臨床心理士が増えて手が回るようになったということもあるのであろう。第1部で書いたように,「臨床」という言葉の意味の再考や「アウトリーチ」の推進という流れが歴史の中で繰り返されてきているように思う。そして，今もまた，これらの流れが大きくなっている時である。公的機関において推進されているアウトリーチは，多くの人を助けている。しかし，いつの時代にもセーフティーネットの隙間は完全にはなくならない。公的機関と民間機関の連携，民間機関同士の連携を進めていくことは重要であるが，すべてが一色になることはむしろ弊害のほうが大きくなるように思う。連携を進めつつも，それぞれの機関の独自性を保って，これらのサービスを提供し続けることに意味があるのだと筆者は考えている。そして，いつも新しい可能性に開かれていられたらよいのだと思う。

ここで，オープンダイアローグについて少し触れておきたい。フィンランドの西ラップランドという小さな自治体で大きな成果を挙げている治療法である。そして，この治療法はまさに訪問という形式をとっているのである。斎藤（2015）には，「……最初に相談を受けた人が責任を持って治療チームを招集し，依頼から24時間以内に初回ミーティングが行われます。参加者は患者本人とその家族，親戚，医師，看護師，心理士，現担当医，そのほか本人にかかわる重要な人物なら誰でもいいのです。このあたりの非常に『オープン』なところが，この治療法の特徴です。このミーティングは，しばしば本人の自宅でおこなわれますが，場所は別にどこでも構いません。……」という構造が記されている。統合失調症も対象としているということからも，臨床家には魅力的に感じられるのではないだろうか。

斎藤は，「……対話の継続それ自体が目的であるような対話がなされるのです。特権的〈治療の主体〉を想定しないこの種の治療法は，日本の治療文化にきわめて親和性が高いように思われます」と述べている。実際には，同じフィンランドでもヘルシンキでその実現がなかなか進まないなど，他の地域での実現が難しい点も言及されているが，日本での可能性を指摘している点は見逃せない。

まだ，他にもクライエントのところに出向く形式がどこかで行われているかもしれない。いや，その可能性は高いと思う。さまざまなものが混在していて，かつ，それぞれが活動を続けていくことが，きめ細かなセーフティーネットを維持する上で重要である。その一端をE•R•Iカウンセリングルームも担えるよう，今後も臨床活動の幅を少しずつ拡げていきたい。

文　献

斎藤環（2015）オープンダイアローグとは何か．医学書院．

おわりに

E･R･I カウンセリングルームが開設 10 年を迎える頃にこの本を構想してから，５年近い年月が経った。開設以来，ここに事例として登場しているクライエントさんをはじめとするたくさんのクライエントさんとの出会いがあった。同時に，どうしても出会うことができなかった数人のクライエントさんたちとのすれ違いがあった。

E･R･I カウンセリングルームの申込み方法は，電話とファックスだけである。電話の場合は留守番電話に録音してもらって，こちらから折り返すというシステムになっている。したがって，はっきりと聞き取れるように電話番号や住所が録音されていないと連絡をつけられない。ファックスも同様である。機械の不調のせいか真っ黒になっていたり，裏返しに送信されていたりして，判読できないこともたまにある。着信記録から電話番号が判明することもあるが，電話番号を非通知にしている場合にはお手上げである。

電話をかけることができても，いつも話し中だったり，なぜか電話に出ていただけなかったりすることもある。時間を変え，日にちを変えて何度かかけても繋がらない。先方が留守番電話になっている場合には，名乗って後日またかける旨を吹き込むが，かけ直しても結局繋がらない。

パンフレットを送ってほしいと吹き込まれているにもかかわらず住所の吹き込みがなく，こちらから電話をして留守番電話に住所をお知らせくださいと伝言を残しても，２回目のメッセージも電話番号だけということもあった。これは申込み方法の問題かというと，実はそうとも言えないのではないかと思っている。

どのような完璧な申込み方法を作っても，このようなことは起きるのではないだろうか。人と人とが出会うということはそういうことかもしれない。つまり，出会えた人・出会えなかった人ということを考える時，そこには人の力を超えた「力」の作用があるのではないかと思えてくるのである。そう考えると，E•R•I カウンセリングルーム開設から今日までに出会えた人・出会えなかった人という視点からいろいろな思いがよぎる。

カウンセリングルームという場に即して言えば，繋がれた人・繋がれなかった人という捉え方もできる。たくさんのクライエントさんと繋がった一方で，数人の繋がれなかった人のことを思う時，心が痛むと同時に，あらゆる活動の中にこのような限界が内在しているということを痛感する。このような限界を考えると，繋がれない人を少しでも減らしていくためには，いろいろな活動が縦に横に斜めに張り巡らされる必要があるのだと改めて思う。これが，細やかなセーフティーネットということなのであろう。

E•R•I カウンセリングルームは，その中のごく小さなネットである。セーフティーネットを機能させるには，結局のところ，小さなネットの一つひとつが少しずつ頑張ることが大切なのではないだろうか。

2011 年に本書を企画してスタッフたちと執筆を始めたが，意外にも私自身の執筆が進まないという現実があった。日常の仕事に追われていることも遅れの一因ではあったが，執筆内容のイメージに関して少し大風呂敷を広げすぎたのかもしれない。しかし，このような停滞した時間を活用して，当時のクライエントと連絡を取ることができたことは，まさに臨床の奥深さと面白さと思っている。

やはり，たくさんの人が関わっている構造であるということが，文字にしてまとめてしまうことへの抵抗を生んでいたのかもしれない。そのような時，私が取り組んだのは，スタッフたちが書いた文章を再び読み直すということであった。いかなる臨床においても，臨床場面あるいは面接を記録したものにこそ何かを進める原動力があるのだと改めて実感した。それと同時に，３人のスタッフが大きく成長し，しかもそれぞれの個性がはっきりとしていることに大きな嬉しさを感じた。

かつて私は，臨床の師の一人である菊池道子先生から「臨床家はいろいろな先生から学び，そして最終的にはすべての先生から自由になって一人の臨床家になっていくのです」という言葉をいただいたが，３人がその言葉通りのプロセスをE•R•Iでの体験も通して実現してくれていることに感動さえ覚えたのである。今回の出版が，自分たち自身へのさらなる鼓舞になると確信している。

この企画について遠見書房の山内さんに相談してから，原稿をお渡しするまでに数年かかってしまいましたが，本当に根気よくお付き合いくださいました。この場を借りて御礼申し上げます。また，E•R•Iカウンセリングルームで出会った，あるいは出会えなかったクライエントさんたちにも深く感謝申し上げます。そして，訪問カウンセリングをともに実践してきたスタッフ各位や，E•R•Iカウンセリングルームにお力をお貸しくださいましたすべての方々に感謝申し上げます。

寺沢 英理子

さくいん

執筆者紹介

編著者
寺沢英理子
E・R・I カウンセリングルーム
広島国際大学大学院

執筆者（五十音順）
大河内範子
E・R・I カウンセリングルーム
カウンセリングルーム野﨑

濱野晋吾
E・R・I カウンセリングルーム
カウンセリングルーム野﨑
虎ノ門病院分院非常勤心理士

藤原　唯
E・R・I カウンセリングルーム

編著者略歴

寺沢英理子（てらさわ えりこ）

1959年札幌生まれ。臨床心理士，広島国際大学大学院心理科学研究科教授。1988年新潟大学大学院教育学研究科修了後，新潟大学医学部附属病院精神医学教室研修生を経て，東京大学医学部附属病院分院神経科にて勤務。その後の分院統合によって2001年から東京大学医学部付属病院精神科非常勤心理職として2006年まで勤務。この間，メンタルクリニック，スクールカウンセラー，産業界など様々な分野で経験を積んだ。また，2001年にE･R･Iカウンセリングルームを開設。2005年から大学に勤務し始め，ルーテル学院大学，札幌学院大学を経て，2015年から現職。

専門は芸術療法，精神分析。

主な著書 『絵画療法の実践―事例を通してみる橋渡し機能』（遠見書房，単著，2010年），『心理臨床の本音を語る』（ナカニシヤ出版，共著，2002年），『失敗から学ぶ心理臨床』（星和書店，共著，2002年），『心理臨床を終えるとき―終結をめぐる21のヒントと事例』（北大路書房，共著，2005年），『日常臨床語辞典』（誠信書房，共著，2006年），『芸術療法実践講座 第2巻 絵画療法Ⅱ』（岩崎学術出版社，共著，2009年）。

訪問（ほうもん）カウンセリング

理論と実践

2016年9月20日　初版発行

編著者　寺沢英理子（てらさわえりこ）

発行人　山内俊介

発行所　遠見書房

〒181-0002　東京都三鷹市牟礼6-24-12

三鷹ナショナルコート004号

（株）遠見書房

TEL 050-3735-8185　FAX 050-3488-3894

tomi@tomishobo.com　http://tomishobo.com

郵便振替　00120-4-585728

印刷　太平印刷社・製本　井上製本所

ISBN978-4-86616-015-3　C3011

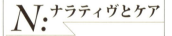